HARTSON

Hartson

JOHN HARTSON

gyda Lynn Davies

Sgiliau Sylfaenol
Basic Skills ———— Cymru

Noddir gan
Lywodraeth
Cynulliad Cymru

CYNGOR LLYFRAU CYMRU

ISBN: 978 1847712950
Argraffiad cyntaf: 2011

© John Hartson a'r Lolfa, 2011

Mae John Hartson a Lynn Davies wedi datgan eu hawl dan
Ddeddf Hawlfraint, Dyluniadau a Phatentau 1988 i gael eu
cydnabod fel awduron y llyfr hwn.

Mae'r prosiect Stori Sydyn/Quick Reads yng Nghymru
yn fenter ar y cyd rhwng Llywodraeth Cynulliad Cymru
a Chyngor Llyfrau Cymru. Mae'r teitlau'n cael eu
hariannu yn rhan o'r Strategaeth Genedlaethol
Sgiliau Sylfaenol i Gymru.

Argaffwyd a chyhoeddwyd gan
Y Lolfa, Talybont, Ceredigion SY24 5HE
gwefan www.ylolfa.com
e-bost ylolfa@ylolfa.com
ffôn 01970 832 304
ffacs 832782

PENNOD 1

YN 2003, PAN O'N i'n chware i Celtic, fe ddigwyddes i ffindo lwmpyn ar un o 'ngheilliau i – yr un dde. Mewn gwirionedd ro'dd dau lwmpyn yno ond ro'dd rhaid chwilio amdanyn nhw gan eu bod nhw mor fach. Wnes i ddim meddwl am eiliad fod hyn yn gallu bod yn rhywbeth difrifol, yn arwydd o ganser, sef canser y ceilliau (*testicular cancer*) yn arbennig. Do'dd neb erioed wedi sôn wrtha i am y fath beth nag am y symtomau o'dd yn gysylltiedig ag e. Felly do'dd dim rheswm yn y byd 'da fi i fecso am y lympiau. Wedi'r cyfan ro'n i'n iach, yn ffit, yn gryf a byth yn dost. Yn fy meddwl bach i rhaid taw rhywbeth digon diniwed o'dd wedi achosi'r lympiau. Ond, chwe blynedd yn ddiweddarach, ro'dd yr esboniad ffôl yna'n gyfrifol am ddod â fi o fewn trwch blewyn i golli fy mywyd.

Am rai blynyddoedd wedyn anghofies i am y cwbwl. Ond yna, am ryw reswm, fe gofies i'n sydyn am y lympiau rhyw fore ar ôl i fi ymuno â West Brom yn 2006, ar gytundeb dwy flynedd. Falle fod y ffaith mod i a Sarah, fy ngwraig erbyn hyn, yn trio ca'l plentyn wedi dihuno'r cof mewn rhyw ffordd. Neu falle fod y lympiau wedi dod 'nôl i 'meddwl i oherwydd

5

'mod i'n dechre ca'l problemau gyda blinder, gyda chwyrnu yn y nos a 'mod i'n cario mwy o bwysau nag oeddwn i cynt. Dwi ddim yn gwybod pam, ond fe benderfynes i sôn wrth Sarah am y peth. Do'dd hi chwaith ddim yn gallu dod o hyd i'r lympiau'n hawdd, ond roedden nhw yna.

Do'dd hi, fwy na finne, ddim yn gwybod beth allai fod yn achosi'r lympiau hyn. Ond yn wahanol i fi mae Sarah'n credu'n gryf mewn mynd i weld y doctor pan fydd rhywbeth o'i le ar ei hiechyd. Felly fe bwysodd arna i i sôn wrth Kevin, doctor West Brom, am y broblem ac fe addawes wneud hynny. Dyna ddigwyddodd ymhen rhai wythnosau, a minnau wedi trio gohirio trefnu cyfarfod gydag e cyn hired â phosib. Pan alwes i mewn i'w weld e yn yr Hawthorns ar ôl gorffen ymarfer rhyw ddiwrnod ro'n i'n teimlo'n eitha euog. Fe wnes i ymddiheuro am ei drafferthu fe gyda chŵyn o'dd yn ddigon diniwed yn fy meddwl i.

Ymateb Kevin o'dd y dylwn i'n bendant ga'l barn mwy arbenigol am y lympiau ac y bydde fe'n barod i drefnu hynny ar fy rhan i os taw dyna ro'n i'n moyn. Gan ddiolch iddo, gadawes i'r stafell ar ras. Yn sicr do'n i ddim yn bwriadu gweld unrhyw ddoctor arall. Pan ofynnodd Sarah i fi'r nosweth hynny sut aeth y cyfarfod gyda Kevin, fe ddywedes gelwydd wrthi. Yn ôl Kevin, meddwn i, do'dd dim byd o'i le, do'dd e ddim yn gallu ffindo unrhyw beth annaturiol. Ro'dd Sarah wrth ei bodd o glywed hynny ac ro'n i'n gallu twyllo fy hunan fod popeth yn iawn. Wedi'r cyfan do'dd Kevin ddim wedi dweud bod unrhyw beth yn bod arna i. Ar ben hynny, do'n i ddim yn teimlo'n dost mewn unrhyw ffordd.

Fuodd dim rhagor o sôn am y lympiau am fisoedd lawer, tan ar ôl i fi ga'l fy rhyddhau chwe mis yn gynnar gan glwb West Brom, yn Ionawr 2008. Ro'n i wrth fy modd ar y pryd achos do'dd fy nghalon ddim wedi bod yn fy ngyrfa fel pêl-droediwr proffesiynol ers peth amser. Ro'n i wedi ca'l llond bola ar chware pêl-droed. Feddyles i erioed y byddwn i'n gallu teimlo fel hynny am y gêm. Eto, ers rhai wythnosau ro'n i wedi bod yn flinedig iawn ac fel arfer yn cwympo i gysgu ar y soffa bob prynhawn. Ro'n i'n chwyrnu mor uchel yn y gwely bob nos fel bod Sarah wedi gorfod symud i gysgu yn y stafell wely sbâr. Fel arall fydde hi ddim wedi cysgu winc drwy'r nos. Ro'n i hefyd wedi mynd i fwyta pob math o sothach rhwng prydau bwyd ac ro'dd fy mhwysau i wedi cyrradd dros 19 stôn.

Rodd y ffaith nad oeddwn i'n chware nac yn ymarfer yn ychwanegu at broblem y pwysau. Ar ben hynny mae'n siŵr fod yr holl deithio ro'n i'n ei wneud yn gyson i weld Bec a Joni, fy mhlant o 'mhriodas gynta, yn gwneud i fi deimlo wedi blino. Roedden nhw'n byw yn ne Cymru gyda'u mam, Lowri, ac fe fyddwn i'n teithio lawr i Abertawe yn amal fel y gallen ni'n tri dreulio ychydig ddyddie gyda'n gilydd. Bryd arall byddwn i'n eu gwahodd nhw i aros gyda fi ar benwythnos neu yn ystod gwyliau'r ysgol ac ro'dd hynny'n un o bleserau mawr fy mywyd i. Dyna un o'r rhesymau pam y penderfynodd Sarah a finne adael Canolbarth Lloegr. Ro'n i'n moyn gweld mwy ar y plant ac ro'dd byw yn nes atyn nhw'n ffordd sicr o wneud hynny.

Felly ym mis Mai 2008 ro'n i wrth fy modd pan symudon ni i fyw i Sgiwen, ar bwys Abertawe. Ond ro'dd mwy o lawenydd i ddod pan gafodd Lina, plentyn cynta Sarah a minnau, ei geni ym mis Gorffennaf. Ro'dd y ddau ohonon ni wedi dwlu. O ran gwaith ro'dd 'da fi ddigon i'w wneud. Ro'n i wedi dechrau dilyn cyrsiau fydde'n arwain, gobeithio, at ennill bathodynnau hyfforddi. Byddai'n rhaid i fi ga'l y rhain pe bawn i am fod yn rheolwr pêl-droed yn y dyfodol. Ro'n i hefyd wedi ca'l cytundeb dwy flynedd i fod yn sylwebydd gyda chwmni teledu Setanta.

Yn y flwyddyn gynta honno fe es i ar 187 o deithiau awyren i sylwebu ar rai o'r gêmau a gâi eu darlledu gan Setanta, y rhan fwya ohonyn nhw yn yr Alban. Yn anffodus gorffennodd y cwmni ddarlledu'r gêmau yn 2009 ond bues i'n ddigon lwcus i ga'l gwaith tebyg gan Sky, ESPN ac S4C. Ro'n i hefyd yn sgrifennu colofn wythnosol i'r *Scottish Sun*. Ro'dd fy mywyd i'n braf iawn ond ymhen ychydig bu bron i'r bywyd hwnnw ddod i ben.

Rodd y chwyrnu a'r magu pwysau'n parhau felly ro'dd Sarah wedi fy mherswado i i fynd i weld y doctor lleol, er cymaint ro'n i'n casáu'r syniad. Ro'dd e o'r farn 'mod i'n rhy drwm o lawer ac y gallai hynny fod yn gyfrifol am broblemau eraill fel y chwyrnu a'r cysgu ar y soffa. Er mwyn ca'l atebion pendant fe a'th e ati i drefnu i fi ga'l sgan yn yr ysbyty lleol yng Nghastell-nedd.

Y CHYDIG CYN Y SGAN ro'n i wedi bod draw yn Nulyn ar gyfer cinio arbennig oedd wedi'i drefnu gan Glwb Pêl-droed Celtic. Ro'dd y cinio'n ca'l ei gynnal nos Sadwrn, 4 Gorffennaf, yng ngwesty Citywest. Ro'dd nifer fawr o ffans Celtic yno yn ogystal â'r rheolwr, Gordon Strachan, y Cadeirydd a swyddogion Clwb y Cefnogwyr. Ro'dd hi'n noswaith fawr a fi o'dd y prif westai. Ro'dd sgrin fawr yno'n dangos y goliau gorau ro'n i wedi'u sgorio yn ystod y pum mlynedd gwych y bues i'n chware i'r Clwb. Yn wir ro'n i'n ca'l fy nhrin fel rhyw fath o frenin ac ro'n i'n mwynhau'r sylw a'r cwmni. Yr hyn wnath i fi deimlo hyd yn oed yn fwy o frenin y noswaith hynny o'dd clywed Sarah yn dweud wrtha i dros y ffôn ei bod hi'n meddwl ei bod hi'n disgwyl unwaith eto.

Ond er y newydd da hwnnw do'n i ddim yn teimlo'n hollol fodlon. Ers i fi adael maes awyr Caerdydd yn gynharach y diwrnod hwnnw ro'dd pen tost ofnadwy 'da fi. Bues i'n llyncu tabledi lladd poen trwy'r dydd fel petawn i'n llyncu losin, ond doedden nhw ddim yn gwneud unrhyw wahaniaeth. Ro'n i hyd yn oed yn eu cymryd nhw yn ystod y cinio ei hunan ond yn dal mewn gymaint o boen nes gwneud i fi wingo a hanner cau fy llygaid. Fel 'na ro'dd hi yn ystod y daith gartre y diwrnod wedyn hefyd. Erbyn hynny ro'n i wedi dechre meddwl 'mod i'n diodde o rywbeth mwy na phen tost cyffredin. Eto wnes i ddim meddwl am eiliad ei fod e'n salwch difrifol.

Fe barodd y pen tost drwy'r wythnos honno ac os rhywbeth ro'n i'n teimlo'n waeth bob dydd. Ro'n i eisie cysgu drwy'r amser ond ro'n i'n ffaelu cysgu am gyfnod hir achos ro'dd y poen yn fy nihuno. Ar brydiau ro'dd hi'n anodd i fi beidio â sgrechen. Ar ôl rhyw ddiwrnod neu ddau fe es i weld fy noctor ac fe ges i bowdwr arbennig 'da hi i'w gymryd mewn dŵr er mwyn lladd y poen. Ond weithiodd hynny ddim chwaith. Ro'dd Sarah yn poeni amdana i, wrth iddi fy ngweld yn llusgo'n hunan ar hyd y tŷ. Er hynny ro'n i'n gwneud fy ngore i drio cuddio pa mor uffernol o'dd y poen wrth i hwnnw hollti fy mhen. O ganlyniad ro'dd Sarah yn rhyw hanner meddwl 'mod i'n dal i ddiodde o ganlyniad i'r penwythnos ges i yn Nulyn! Ro'dd hynny, wrth gwrs, ymhell o fod yn wir.

Rodd llythyr wedi cyrradd yn dweud bod y sgan ro'n i'n aros amdano wedi'i drefnu ar gyfer y dydd Iau hwnnw. Ro'dd Sarah yn

11

fishi'n edrych ar ôl Lina, ein merch fach o'dd bron yn flwydd oed. Ro'dd pawb arall yn eu gwaith ac fe fynnes i yrru felly fy hunan i Ysbyty Castell-nedd Port Talbot i ga'l y sgan. O edrych 'nôl ro'dd hynny'n beth dwl iawn i'w wneud achos, ar brydiau, do'n i ddim yn gallu gweld llawer gan fod y poen yn fy mhen i mor ddrwg. Yn yr ysbyty fe dynnodd y radiolegydd sylw at ddau lwmpyn yn un o'r ceilliau ac fe glywes i fe'n dweud y geiriau *testicular cancer*. Mae 'da fi gof ohono fe'n sôn rhywbeth am drefnu i fi ga'l llawdriniaeth. Ond ro'n i mewn cyment o sioc do'n i ddim yn gwybod pa un ai tynnu'r ddau lwmpyn neu dynnu'r gaill ei hunan o'dd y bwriad. Ro'n i jest moyn gadel y lle cyn gynted â phosib.

Gyrres i gartre mewn rhyw fath o freuddwyd, gyda dagrau'n rhedeg i lawr fy ngruddiau. Pan gyrhaeddes i'r tŷ fe ddywedes i wrth Sarah fod y doctor yn yr ysbyty wedi sôn y bydde'n rhaid tynnu un o'r ceilliau. Fe fyddwn i'n ca'l llythyr yn dweud pryd yn gwmws y bydde hynny'n digwydd. Do'n i ddim yn gallu meddwl am ddweud wrthi bod canser y ceilliau arna i. Ro'n i'n falch o ga'l cilio i'r gwely achos bod fy mhen i mor boenus. Mewn gwirionedd dyna'r unig le ro'n i eisie bod. Ond pan gyrhaeddes i'r gwely ro'n i'n teimlo bod fy mhen i ar fosto.

Ro'dd y poen yn annioddefol ac erbyn hynny doeddwn i ddim yn llwyddo i ga'l gwared arno drwy gau fy llyged. Ond do'n i ddim eto wedi cysylltu'r pennau tost a'r canser. Ro'n i'n teimlo'n flin drosof fy hunan am 'mod i wedi bod mor anlwcus â cha'l dau salwch ar yr un pryd.

Rodd Sarah yn gorfod bod yn Birmingham y dydd Gwener hwnnw ac wedi codi'n gynnar. Do'n i ddim wedi cysgu'n dda o gwbl ac ro'n i'n teimlo'n waeth nag erioed. Roedd y poen yn yr ymennydd fel petai'n fy nallu i ac yn gwaethygu bob munud. Yn ystod y prynhawn fe fu'n rhaid i fi ffono fy chwaer ifanca, Victoria, a gofyn iddi fynd â fi i'r ysbyty. Ro'n i wedi mynd i gredu erbyn hynny fod clwy'r moch arna i, gan fod y salwch hwnnw yn y newyddion yn gyson yr adeg honno. Fe droies i at y cyfrifiadur hyd yn oed er 'mod i'n ei cha'l hi'n anodd i weld y sgrin. Ro'n i eisie gweld beth o'dd symptomau clwy'r moch ac yn wir ro'dd hi'n edrych bod rhai o'r symptomau hynny arna i. Yna da'th rhyw salwch drosta i ac fe fu'n rhaid i fi ruthro i mewn i'r stafell ymolchi a chwydu rhyw hylif llwyd tywyll. Do'n i erioed wedi gweld dim byd tebyg iddo.

Fe a'th Victoria â fi at y car er mwyn mynd â fi i'r ysbyty, fel ro'dd Sarah yn cyrradd gartre o Birmingham. Cafodd hithe fraw mawr o 'ngweld i a threfnodd i'n dilyn ni i'r ysbyty. Yn ystod y daith rwy'n cofio gofidio am ddyfodol y plant pe bydde rhywbeth yn digwydd i fi. Erbyn hyn do'n i ddim yn gallu dala fy mhen lan gan fod y poen mor ddrwg ac ro'dd hyd yn oed anadlu'n anodd. Ro'dd y cyfan yn ormod i fi a dorres i mas i lefen. Rwy'n cofio eistedd yn y stafell aros yn yr ysbyty am oesoedd... mae'n debyg ein bod ni wedi gorfod dishgwl am ddwy awr. Yn ystod y cyfnod hwnnw fe fuodd Vic, chware teg iddi, yn trio cadw fy meddwl oddi ar y salwch drwy siarad am hyn a'r llall.

Fe fues i'n chwydu sawl gwaith, a'r un stwff erchyll du yn dod lan. Ro'n i wedi rhoi fy hunan ar siâp cylch ar fy nghader a 'mhen yn fy nwylo gan drio'n galed i gadw fy llygaid ar agor. Ond erbyn hyn ro'dd y poen yn ormod i fi ac ro'dd y llygaid yn cau ohonyn nhw eu hunain. Da'th tywyllwch drosta i ac mewn tywyllwch y bues i am sawl wythnos ar ôl hynny.

PENNOD 3

Stori Diana, mam John

AR Y DYDD GWENER, y diwrnod ar ôl i John ga'l sgan yn Ysbyty Castell-nedd Port Talbot, fe alwes i yn y tŷ i weld sut o'dd e. Ro'n i'n gwybod ei fod e wedi bod yn ca'l penne tost cas iawn ers dyddie ac ro'n i'n ofni bod rhywbeth mawr yn bod. Ro'n i hyd yn oed yn amau bod 'da fe rywbeth fel tiwmor ar yr ymennydd. Wedes i ddim gair wrth neb am hyn achos ro'dd pawb yn gobitho taw rhyw firws o'dd yn gyfrifol am y pen tost. Erbyn i fi gyrradd y bore hwnnw ro'dd y pen tost yn waeth byth. Ro'dd e mewn cyment o boen nes ei fod e'n ffaelu dishgwl mas trwy'r ffenest ar yr haul. Ar un adeg fe dorrodd e mas i lefen a gofyn i fi a o'dd e'n mynd i fod yn iawn. Do'n i ddim wedi gweld John yn llefen ers pan o'dd e'n grwtyn bach ac ro'dd gweld y cawr cadarn 'ma mewn shwt stad yn dorcalonnus.

Ar wahân i dostrwydd John ro'dd problem arall 'da fi. Y bore wedyn ro'n i fod i fynd ar griws gyda ffrind o Southhampton i

Sgandinafia. Ro'dd hi wedi gofyn i fi rai misoedd cyn hynny awn i'n gwmni iddi hi gan nad o'dd hi wedi bod ar wylie tebyg o'r blaen. Ro'dd hi'n edrych ymlaen yn ofnadw ond yn naturiol do'n i ddim eisie mynd o gwbl erbyn hynny. Ro'dd pawb yn y teulu, gan gynnwys Cyril y gŵr, yn pwyso arna i i beidio â thynnu 'nôl. Yn ôl y sôn, fe dda'th hyd yn oed John ei hunan yn rhan o'r ddadl ar y nos Wener. Fe agorodd ei lygaid, ynghanol ei boen mawr, a dweud wrth y criw o amgylch ei wely yn yr ysbyty bod rhaid i fi fynd ar y criws. Fe nath hynny i bawb feddwl rywsut y bydde John yn bownd o ddechre gwella cyn bo hir.

Fe ddechreuodd y daith ar y bore Sadwrn gyda bws yn ein codi ni ym Mhenlle'r-gaer i'n cario ni at y llong yn Southampton. Fe ddywedes i wrth fy ffrind nad o'n i'n gwybod sut ro'n i'n mynd i wynebu'r gwylie. Er iddi drio fy nghysuro, ro'n i'n teimlo'n isel iawn. Ro'dd hi'n wir fod pawb wedi trio fy mherswado i fynd ar y gwyliau a bod y teulu'n dal i obeithio taw rhyw firws o'dd yn gyfrifol am gyflwr John. Eto, er hyn i gyd, ro'dd rhywbeth yn dweud wrtha i na ddylwn i fod yn mynd ar y gwyliau. Ro'n i'n amau o'r funed y rhoies i 'nhroed ar y bws y bydde'n rhaid i fi droi 'nôl rywbryd yn ystod y criws. A dyna ddigwyddodd.

Ar y bore Sadwrn fe gafodd John sgan ar yr ymennydd yn Ysbyty Singleton. Ro'dd e'n dal mewn poen mawr er ei fod e'n derbyn morffîn trwy ddrip erbyn hynny. Am hanner awr wedi chwech y nosweth hynny dath un o'r arbenigwyr, Dr Harris, i weld Sarah, Cyril a John i drafod canlyniad y sgan. Do'dd y newyddion ddim yn dda. Ro'dd canser y ceilliau ar John, a hwnnw erbyn hynny wedi cyrradd yr ymennydd. Mae'n debyg fod John wedi gofyn ar unwaith a o'dd e'n mynd i fyw. Ateb Dr Harris o'dd y bydde'n rhaid gwneud rhagor o brofion ond bod gobaith iddo fe ddod trwyddi.

Ro'n i wedi codi swper i 'mhlât ar y llong ac ar fin dechre bwyta pan ffoniodd Cyril gyda'r newydd ysgytwol am ganlyniadau'r sgan. Rwy'n dal i gofio'r sŵn gwag ofnadwy nath fy fforc wrth i fi ei gollwng ar fy mhlât. Do'n i ddim yn gwybod beth o'dd wedi 'mwrw i ac am yr oriau nesa ro'n i'n teimlo 'mod i mewn rhyw niwl mawr. Wrth gwrs, ro'dd yn rhaid mynd gartre ar unwaith a gyda help Cyril a James, ein mab hyna, ro'dd yn rhaid gwneud trefniadau ar unwaith.

Fe fydde wedi bod yn daith hir ar y gorau. Ond o styried pam ro'n i'n gorfod gwneud y daith honno ro'dd hi'n teimlo ddwywaith

yn hirach. Fe gawson ni cin gollwng oddi ar
y llong ym mhorthladd Bruges yng ngwlad
Belg am chwarter wedi saith y bore. Yna, bws
i stesion Bruges a thrên o fan'na i Frwsel. Fe
geson ni awyren o Frwsel i Gaeredin ac un arall
i faes awyr Caerdydd. Da'th James i'n cyfarfod
ni yn y fan honno a mynd â ni i Abertawe yn ei
gar. Ro'dd e'n ypset ofnadw ac fe rybuddiodd
fi i erfyn y gwaetha achos bod John yn wael
iawn.

Ro'n i'n cerdded i mewn i Ysbyty Singleton
am 11.30 y nosweth hynny ac fe ges i sioc
ddychrynllyd o weld John. Do'dd e ddim yn
ei hunan yn iawn gan ei fod e wedi ca'l llwyth
o gyffuriau. Ro'dd ganddo sawl tiwb yn mynd
i mewn i'w gorff ac ro'dd hi'n broblem fawr
trio'i atal e rhag eu tynnu nhw mas, gan ei fod
mor ddryslyd ac mewn cyment o boen. Ro'dd
ei weld mewn shwt gyflwr yn ormod i fi ac fe
lefes i wedi i fi gyrradd y stafell aros.

Fe ges i glywed serch hynny fod Dr Bertelli,
prif oncolydd yr ysbyty, wedi dod â rhyw
gysur i John a'r teulu yn gynharach y diwrnod
hynny. Fe ddywedodd e fod 95% o'r bobol
sydd yn diodde o ganser y ceilliau fel arfer yn
gwella. Ond os bydde'r canser wedi ymledu,
mae'n debyg taw 80% o'dd yn dod trwyddi'n
iawn. Dyna o'dd wedi digwydd yn achos John,

felly do'dd dim cwato'r ffaith fod John yn ddifrifol wael. Mae'n debyg bod y marcwyr canser yng gwaed unrhyw berson cyffredin fel arfer yn dod i lai na deg. Yng ngwaed John, pan gyrhaeddodd e'r ysbyty, ro'dd y marcwyr canser yn dod i 191,000.

Stori Diana

RODD Y DYDDIAU NESA'N hunllef o ddigwyddiadau trawmatig. Ar y dydd Llun fe gafodd John ei ddos cynta o radiotherapi a chael ei anfon am sgan CAT. Er mor falch oedden ni i gyd o weld y driniaeth ar gyfer y canser yn dechre, ro'dd cyment o bethau eraill yn achosi gofid i ni. Ro'dd John yn ca'l mwy a mwy o drafferth i anadlu ac yn cynhyrfu tipyn pan fyddai effaith y cyffuriau'n gwanhau. Byddai'n mynd yn hollol ddryslyd ac yn gweld pob math o bethau. Ar un adeg fe neidiodd e ar ben y gwely gan sgrechen bod rhywun wrthi'n trio torri'i goese a'i freichie fe bant.

Fe fydde fe'n rhwygo'r cynfasau gwely ac yn neidio mas o'r gwely, gan chwifio'i freichiau'n wyllt. Ro'dd e'n taro yn erbyn pethe'n afreolus ac o ganlyniad ro'dd ganddo lygad du mawr ar ôl bwrw ei ben yn erbyn y locyr wrth ochr y gwely. Fwy nag unwaith fe redodd e'n wyllt am y coridor gan weiddi ei fod e'n mynd gartre. Mae John, wrth gwrs, yn fachgen mawr iawn, fel ei dad, ac yn amal ro'dd eisie rhywun o faint Cyril neu James, ei frawd i'w dawelu a'i gael e 'nôl i'r gwely.

Erbyn y dydd Mawrth ro'dd John wedi ca'l ei roi yn yr Uned Gofal Dwys. Fe geson ni glywed gan Dr Bertelli fod y sgan CAT yn dangos bod y canser wedi ymledu. Erbyn hyn ro'dd e nid yn unig yn yr ymennydd ond hefyd yn yr ysgyfaint, yn y lymffiau ac yn yr abdomen. Ro'dd hi'n edrych yn debyg bod rhyw wyth i ddeg tiwmor yn ei gorff e i gyd. Ar ben hynny ro'dd niwmonia wedi ca'l gafel arno. Pan ofynnon ni iddo beth o'dd gobeithion John, fe atebodd e rhyw 50 – 50 gan ychwanegu ei fod e'n eitha pryderus. Yn naturiol fe gawson ni i gyd ergyd ofnadwy o glywed hyn.

Yn ystod y dydd fe gafodd John ddos arall o radiotherapi – do'dd e ddim yn ddigon da eto i ddechrau ar driniaeth cemotherapi. Rhywdro wedyn, pan o'dd Sarah'n eistedd gydag e, fe sylwodd hi ei fod yn ymladd am ei wynt. Hefyd, ro'dd y rhifau ar y peiriant ocsigen wrth ochr ei wely yn disgyn yn ddychrynllyd o gyflym. Dechreuodd larwm yn y peiriant ganu'n uchel ac ar unwaith ro'dd doctoriaid a'r nyrsys yn rhedeg ato o bob cyfeiriad. Rhuthrodd Sarah mewn panic llwyr at Cyril a fi yn y stafell aros gan ddweud bod John wedi stopo anadlu. Ro'n i'n teimlo fel petai rhywun wedi 'mwrw i â gordd. Ro'n i'n fud.

Ychydig wedyn dywedodd Dr Bertelli wrthon ni fod John angen llawdriniaeth frys ar ei ymennydd, a hynny yn Ysbyty Treforys. Bydde hyn, gobeithio, yn achub ei fywyd. Ro'dd tiwmor mawr, a hwnnw ar dop asgwrn cefen John, mae'n debyg, yn stopo'r gwaed rhag llifo fel y dyle fe. Ro'dd y pwysedd ro'dd hwnnw'n ei achosi yn gwasgu ar y rhan o'r ymennydd o'dd yn rheoli'r system anadlu. Mae'n bosib fod hyn wedi digwydd achos bod y driniaeth radiotherapi wedi gwneud i'r tiwmor chwyddo wrth drio'i leihau. Ro'dd hynny, mae'n debyg, yn gallu digwydd weithie.

Eglurodd Dr Bertelli y bydde'n rhaid drilo i mewn i ymennydd John i roi draen yng nghefen ei ben er mwyn tynnu ffliwid oddi yno. Yna, trwy roi peipen fentilator lawr ei lwnc bydde John yn gallu anadlu unwaith eto. Pwysleisiodd Dr Bertelli ei bod hi'n fater nawr o drio achub ei fywyd. Bydde'n rhaid aros cyn bwrw ati i ymladd y canser. Dechreuodd Cyril weiddi trwy'i ddagre ar John i beidio â'n gadael ni ac fe lefes y glaw. Ro'dd nifer fawr o bobol, yn ffrindie a theulu i John, mewn ystafell aros arbennig ar bwys. Ro'dd rhai ohonyn nhw wedi dod o bell a rhai wedi bod yno ers dyddie.

Mae'n debyg fod Victoria wedi gofyn i bawb yno weddïo gyda hi, gan ofyn yn arbennig i'w mam-gu, Lena, oedd wedi marw ers tipyn i ofalu dros John a phawb ohonon ni.

Cafodd John sgan arall ar yr ymennydd a dos o cemotherapi cyn cael ei symud i Ysbyty Treforys ar gyfer y llawdriniaeth. Fe gawson ni glywed gan un o'r arbenigwyr o'dd yn trin John yn Ysbyty Singleton fod tîm o lawfeddygon arbennig wrth law yn Nhreforys yn barod i ddechre ar eu gwaith. Ond fe gawson ni glywed hefyd y gallai'r daith o ryw bum milltir fod yn ormod i John. Felly, gyda John yn gorfod ca'l ei gario yno mewn ambiwlans, fe gafodd y gweddill ohonon ni daith bryderus iawn i Ysbyty Treforys.

Fe a'th y llawdriniaeth, a barodd am ryw bedair awr, yn dda iawn. Yna da'th y llawfeddyg mas aton ni a chyhoeddi ei bod hi'n meddwl iddi achub bywyd John. Daeth un arall o'r tîm aton ni i ateb ein cwestiynau fel teulu. Rwy'n cofio gofyn iddi hi a fydde unrhyw niwed i ymennydd John yn dilyn y driniaeth. Fe ddywedodd na ddyle'r ymennydd fod ddim gwaeth ac ro'dd hyn yn gysur mawr i ni i gyd. Eto roedden ni i gyd yn sylweddoli y bydde fe'n ddigon gwan am beth amser ar ôl llawdriniaeth mor fawr.

Y nosweth hynny, fe ffones i'r Parch. Gareth Hopkin o Graig Cefn Parc, gweinidog y teulu. Fe ofynnes a fydde fe'n folon dod lawr i ysbyty Treforys i gynnig gair o weddi gyda fi a James dros John. Ac fe wnath, chware teg iddo, fel y gwnath y Parch. Gareth Morgan Jones, o Bontardawe, sawl gwaith yn ystod salwch John. Wrth gwrs fe fuodd John yn dioddef am amser hir ac yn ystod y cyfnod hynny dim ond i un lle arall, ar wahân i'r ysbyty, ro'n i am fynd. Y lle hwnnw o'dd Gosen, capel yr Annibynwyr yn Nhrebanos, lle ces i a holl deulu Mam ein magu. Bydde hi bob amser yn dweud wrtha i, 'Os byddi di byth yn teimlo'n ishel, cer i Gosen.' Ro'dd ei geirie hi'n arbennig o wir yn ystod y cyfnod pan o'dd John yn dost.

Arhoson ni i gyd yn yr ysbyty y nosweth hynny gan ein bod ni mor bryderus. Yn wir, fe dreuliodd Cyril 17 nosweth wrth ochr gwely John. Ar y dydd Sul, yn dilyn y llawdriniaeth, es i, Cyril a James i'r gwasanaeth yng nghapel yr ysbyty, dan ofal y caplan, y Parch. Nigel Griffin. Fe deimles i fod y profiad hwnnw wedi rhoi nerth i fi ddal ati ac fe fues i yno sawl gwaith wedyn. Y dydd Sul hwnnw hefyd fe glywon ni fod llawer o bobol wedi bod yn gweddïo dros John yn eu heglwysi. Ro'dd hynny'n gysur mawr, fel ro'dd ca'l nifer fawr

24

iawn o negeseuon tecst gan wahanol bobol yn dweud eu bod nhw'n meddwl am John a ninnau fel teulu.

PENNOD 5

Stori Diana

RODD POB TIWMOR YNG nghorff John yn dal i dyfu. Yn ôl Dr Bertelli roedden nhw wedi tyfu hyd yn oed yn ystod y ddau ddiwrnod cynta ro'dd e wedi bod yn Ysbyty Singleton. Do'dd hi'n ddim syndod clywed, felly, y bydde John yn gorfod mynd 'nôl i Singleton y diwrnod ar ôl y llawdriniaeth i ga'l mwy o radiotherapi. Ro'dd rhaid mynd â fe 'na o dan anesthetig gan ei fod e mewn cyflwr gwael o hyd. Yna 'nôl â fe ar unwaith i'r Uned Gofal Dwys yn Nhreforys.

Rodd yr wythnos neu ddwy nesa'n rhai caled iawn. Ro'dd John yn dal i ga'l radiotherapi'n rheolaidd ond fe gafodd fynd heb gyffuriau tawelu rhyw bedwar diwrnod ar ôl y llawdriniaeth. Yn wir fe ddechreuodd e ymateb rhywfaint i'r bobol o'dd gydag e trwy wasgu eu dwylo. Ro'dd ei lygaid ar agor ond do'dd e ddim yn gweld. Eto ro'dd e'n gallu gwneud arwyddion o fath.

Yn anffodus, ar ôl y cyfnod cynnar addawol yma, fe fu'n rhaid ei roi fe 'nôl ar gyffuriau

tawelu. Fe gafodd ambell nosweth wael p
gâi drafferth i anadlu a bydde'n gweld pc
math o bethe do'dd ddim yno. Ro'dd e'n ama.
wedi drysu'n lân ond ar adege eraill bydde fe'n
hollol lonydd a'i lygaid difywyd yn troi yn ei
ben. Ro'dd dwy lawdriniaeth arall o'i flaen, sef
traceotomi, i'w helpu fe i anadlu a thriniaeth
i arwain y ffliwid yn syth o'r ymennydd i'r
stumog. Bydde hyn wedyn yn golygu y galle fe
ga'l gwared ar y tiwb o'dd yn mynd â'r ffliwid
o'i ymennydd i mewn i botel wrth ochr y
gwely.

Fe a'th y ddwy lawdriniaeth yn iawn ond y
diwrnod cyn yr ail un fe suddodd John i ryw
bwll o iselder. Pan o'dd James yn eistedd gydag
e, fe ddywedodd wrtho nad o'dd e'n teimlo fel
brwydro rhagor, ac mai honno fydde ei nosweth
ola. Ro'dd e wedi ca'l digon. Fe a'th James ati
i drio codi'i galon gan ddweud wrtho pa mor
bwysig o'dd dal ati i ymladd. Bod ganddo dri
o blant bach, ac un arall ar y ffordd, o'dd yn
edrych mlân cyment at fwynhau ei gwmni yn
ystod y blynyddoedd nesa.

Ond fe gododd calon John rhywfaint yn y
dyddiau nesa. Fe welodd e'r plant am y tro cynta
ers rhyw ddeg diwrnod. Ro'dd Bec, ei blentyn
hyna, wedi bod yn yr ysbyty am gyfnodau hir
a Joni, ei brawd, yn cadw mewn cysylltiad o

tre. Ond ro'dd John wedi gofyn am eu cadw
aw draw rhag iddyn nhw ga'l ofan. Erbyn
ayn ro'dd e wedi colli bron i 5 stôn o bwyse
ac yn rhy sigledig i sefyll ond fe fydde'n codi i
gadair wrth ochr y gwely. Tua diwedd mis Gorffennaf fe ddechreuodd
gerdded gyda help ffrâm. Bydde Cyril yn mynd
â fe'n gyson am wâc fach, a'r olygfa, er yn drist,
ar yr un pryd yn olygfa galonogol iawn. Yn y
cyfnod hwnnw hefyd fe gafodd fynd am dro
yn fan Cyril gyda Sarah, ei wraig, a Lina. Fe
aethon nhw i'r Mwmbwls ond ro'dd e'n dal yn
wan iawn ac ro'dd meddwl am fwyta ychydig
o tsips, er enghraifft, yn ormod iddo fe.

O'r diwedd, ar 2 Awst, dechreuodd John
ar gwrs o cemotherapi yn Ysbyty Singleton.
Ro'dd y driniaeth yn golygu, yn fras, tair dos
y dydd am bum diwrnod, yna pythefnos bant,
dros gyfnod o dri mis. Ar 11 Awst, fe gafodd
ddod adre ar ôl y 15 dos cynta. Bydde gofyn
iddo fynd 'nôl i'r ysbyty fel claf allanol i ga'l
52 dos arall. Ro'dd eisoes wedi dechre diodde
oherwydd y driniaeth – teimlai fel chwydu
drwy'r amser, yn flinedig iawn a do'dd ganddo
ddim awch at fwyd. Ro'dd y dolur rhydd arno
ac ar ôl bwyta rhywbeth bydde'n ei chwydu
mewn fawr o dro. Ar ben hynny i gyd ro'dd 'da
fe sawl dolur poenus yn ei geg.

Fe fyddwn i'n amal yn mynd gyda John pan fydde fe'n ca'l y cemotherapi. Ar ôl ychydig wythnosau fe gawson ni'r newydd da fod y marcyrs canser yn ei waed wedi cwympo'n rhyfeddol, o 191,000 i 57. Ro'dd yr arwyddion yn dda a'r cemotherapi yn amlwg yn llwyddiannus. Ro'dd hi'n boenus i'w weld e'n mynd trwy'r driniaeth ond ro'n i'n falch o ga'l y cyfle i eistedd gydag e am orie lawer. Fe adawodd e gartre yn 16 oed, ac ro'n i'n teimlo 'mod i wedi colli cyfle dros y blynyddoedd i ga'l mwynhau ei gwmni. Nawr, er mor anodd o'dd hi ar John, ro'n i'n gallu gwneud hynny. Er hynny, un tro, tra o'dd John yn yr ysbyty ar gyfer un o'i sesiynau cemotherapi, fe ges i brofiad ofnadw.

Rodd Sarah wedi mynd â fe lawr i'r ysbyty y bore hwnnw ac ro'n i i fod ei godi'n hwyrach. Edryches yn y stafell aros a gweld pedwar dyn yn bwyta cinio yno, a hen ddyn bach yn eistedd mewn cadair freichiau. Ond do'dd dim sôn am John. Es i lan i'r ward a gofyn i'r nyrs o'dd hi'n gwybod ble ro'dd John. Dywedodd ei fod yn y stafell aros. Wedes i 'mod i wedi edrych yn fan'no a taw dim ond dau ddyn a dwy fenyw yn ca'l cinio, ac un hen ddyn bach arall o'dd yn y stafell. A'th hi â fi 'nôl i'r ystafell a phwyntio at yr 'hen ddyn bach' ro'n i wedi sylwi arno'n gynharach. John o'dd e. Dyna un o'r profiade gwaetha ges i yn ystod yr holl gyfnod pan o'dd John yn dost. Ro'n i wedi cerdded heibio fy mab fy hunan heb ei nabod gan ei fod e wedi mynd i edrych mor wael ac wedi colli cyment o bwyse.

Fe dda'th y sesiynau cemotherapi i ben ym mis Hydref ac fe ddechreuodd John ar y broses hir o drio adennill ei iechyd. Mae e wastad wedi bod yn fachgen cryf o gorff ac yn bwrw at bob tasg yn bositif. Ma'r agwedd honno wedi bod yn help mawr iddo ddod dros yr afiechyd ofnadw a gafodd e.

Ers y dyddiau hynny rwy'n edrych ar fywyd yn wahanol. Yn un peth ma'r sioc a gawson ni fel teulu wedi gadael ei hôl. Ond erbyn hyn rwy'n meddwl nad yw rhai pethe roedden ni'n eu cyfrif yn bwysig cynt ddim bellach yn werth poeni amdanyn nhw. Fe fydda i'n mynd yn amlach nag o'n i'n arfer i Gapel Gosen, ac yn sicr ma' mwy o ffydd 'da fi nawr. Ma' lot 'da fi i ddiolch amdano.

BYDDWN I WEDI GALLU chware pêl-droed i dîm Canada pe bawn i'n moyn, achos bod fy nhad-cu ar ochr fy nhad, Peter Hartson, yn dod o'r wlad honno. Ond wnes i erioed feddwl am wneud hynny. Ers pan o'n i'n grwtyn bach dim ond un peth o'dd yn bwysig i fi a hynny o'dd chware pêl-droed i Gymru. Ro'n i ar dân eisie gwisgo crys coch fy ngwlad ac ro'n i'n benderfynol o weld hynny'n digwydd. Yn y diwedd fe lwyddes i i chware i dîm hŷn Cymru dros hanner cant o weithie a galla i ddweud yn onest 'mod i wedi teimlo'n browd ofnadw bob tro.

Rwy'n Gymro i'r carn ac allwn i byth fod wedi chware i unrhyw wlad arall. Eto, mae'n amlwg nad o'dd neb wedi dweud hynny wrth Dave Sexton, cyn-reolwr Manchester United a rheolwr tîm o dan 21 Lloegr. Pan o'n i'n 18 oed, ac ar lyfrau Luton, fe ddewisodd e fi i chware i Loegr!

Gwaetha'r modd, chafodd Cymru ddim llawer o lwyddiant yn ystod y cyfnod pan o'n i yn y tîm ond ro'dd rhai o'r gêmau yn gêmau arbennig iawn. Weithie fe fydden ni'n ca'l canlyniadau ardderchog gan ennill yn erbyn rhai o dime gorau'r byd. Ro'dd hynny'n dipyn o gamp i wlad fach fel Cymru.

Daeth Peter Hartson i Abertawe gyda llynges Canada pan o'dd e'n ddyn ifanc yn ystod yr Ail Ryfel Byd. Tra o'dd e yno fe gwrddodd ag Annie Frost, merch ifanc a chanddi wallt coch, o Port Tennant, ar bwys Abertawe. Yn y man fe briodon nhw a chael tri mab: Peter, Keith a Cyril, fy nhad. Pan o'dd gwallt 'da fi ro'dd e'n goch ac mae'n debyg taw i fy mam-gu, Annie, mae'r diolch am hynny! Ro'dd Peter yn dod o Newfoundland ac mae 'da fi dylwyth yno o hyd. Mae fy rhieni, fy mrawd, James a fy chwaer, Victoria wedi bod mas yno ac yn sicr hoffwn i fynd hefyd rhyw ddydd.

Mae teulu fy mam, Diana, yn dod o Gwmtawe ac roedden nhw i gyd yn Gymry Cymraeg. Unig blentyn i John Jenkins a Lena Lewis o'dd hi. Ro'dd John yn dod o bentre bach Rhyd-y-fro, ar bwys Pontardawe ond yn anffodus fe fu farw pan o'n i'n bum mlwydd oed. Gof o'dd e wrth ei grefft ac yn yr efail ar ben y gwaith glo y bu e'n gweithio am y rhan fwya o'i oes. Ro'dd fy mam-gu, Lena, yn aelod o deulu mawr y Green yn Nhrebanos, ac fe ges i'r pleser o'i nabod hi am nifer o flynyddoedd.

Rodd hi'n fenyw annwyl iawn ac rwy'n ei chofio hi'n arbennig am ddau beth. Yn gynta, ro'dd hi'n gogyddes ffantastig – yn wir, dyna o'dd ei gwaith hi am flynyddoedd. Pan o'n i'n grwtyn ro'n i'n dwlu galw i'w gweld hi, yn Nhrebanos ac yna ym Mhontardawe. Ro'n i'n gwybod y bydde gwledd yn fy nisgwyl i yno wastad. Yn ail, dim ond y hi mewn gwirionedd fydde'n siarad Cymraeg gyda fi bob amser, yn enwedig pan fydde hi'n dod i aros aton ni am ychydig ddyddie. Ro'n i'n meddwl y byd ohoni ac mae Lina, merch hyna Sarah a fi, wedi ca'l ei henwi ar ôl Mam-gu.

Roedden ni'n byw fel teulu ar stad gyngor yn y Trallwm, ar bwys Llansamlet. Chlywes i neb erioed yn siarad gair o Gymraeg yno ar y stryd nag yn y siope. Er bod Mam yn siarad Cymraeg, Saesneg, o'dd iaith yr aelwyd, gan nad yw Nhad yn deall Cymraeg. Saesneg hefyd y byddwn i'n siarad gyda 'mrawd James, a Hayley a Victoria, fy nwy chwaer. Er hynny, fe fynnodd Mam ein bod ni i gyd yn mynd i'r ysgolion Cymraeg lleol. I ddechre fe a'th y pedwar ohonon ni i Ysgol Gynradd Lôn Las. Yna fe aeth James i Ysgol Gyfun Ystalyfera, a'r tri arall ohonon ni i Ysgol Gyfun Gŵyr, o'dd heb agor pan o'dd James yn dechrau ar ei addysg uwchradd.

Do'n i ddim eisie mynd i Ysgol Lôn Las o gwbl. Ro'n i'n agos iawn at fy ffrindie yn yr ardal ac roedden nhw i gyd yn mynd i'r ysgol leol, Cefn Hengoed. Ar y dechre ro'dd hi'n amlwg, mae'n siŵr, oddi wrth y ffordd ro'n i'n bihafio nad o'n i eisie bod yn ysgol Lôn Las. Er hynny ro'dd yr athrawon i gyd, yn enwedig y prifathro, Tom Jones, a Mrs Majors, un o'r athrawesau, yn amyneddgar ac yn dda iawn wrtha i. Cyn bo hir fe ddes o hyd i ffrindie newydd, bechgyn fel Gareth Jones a Geraint Thomas. Er hynny ro'n i'n amal yn swyddfa Mr Jones am wneud rhyw ddrygioni!

Do'n i ddim yn lico gwaith ysgol a bydde hynny wedi bod yn wir am unrhyw ysgol arall y byddwn wedi mynd iddi. Y cyfan ro'n i'n moyn gwneud o'dd chware pêl-droed a ble bynnag ro'n i'n mynd ro'dd pêl 'da fi yn fy mag! Eto, do'dd dim tîm ysgol gyda ni yn Lôn Las achos taw rygbi o'dd yn ca'l y sylw i gyd yno. Fe gynigiodd Nhad ein hyfforddi ni'r bechgyn gyda'r bwriad o ddechre tîm pêl-droed yn yr ysgol, ond do'dd yr ysgol ddim yn hapus â'r syniad. Ro'dd yr un peth yn wir am Ysgol Gyfun Gŵyr, rygbi a gâi'r sylw i gyd.

Nid 'mod i ddim yn lico rygbi. Rwy'n dwlu mynd i weld Cymru'n chware ac rwy i wedi'u dilyn nhw gartre ac oddi cartre. Bydda i hefyd yn mynd i weld y Gweilch yn chware weithe yn Stadiwm Liberty. Pan o'n i'n ddisgybl yn

Ysgol Gŵyr ro'n i'n mwynhau chware canolwr i dimau Blwyddyn Un, Dau a Thri, er taw y fi fel arfer o'dd un o'r chwaraewyr lleia ar y cae. Ro'n i'n ca'l pleser arbennig mewn trio bwrw bechgyn o'dd ddwywaith fy seis i ar eu hyd ar lawr. Fe fu rygbi'n bwysig yn hanes teulu Mam. Yn wir fe wnath brawd Mam-gu, Danny Lewis, dipyn o enw iddo'i hunan fel maswr. Ar ddechrau pumdegau'r ganrif ddiwetha fe a'th e o Glwb y Fardre, Clydach, i chware i Glwb Rygbi Abertawe.

Fe fuodd e a'i bartner o Drebanos, y mewnwr Roy Sutton, yn chwarc gyda'i gilydd i'r All Whites am rai blynyddoedd, yng nghwmni rhai o sêr y gêm ar y pryd, fel Clem Thomas, Terry Davies a W O Williams. Fe wynebodd rai o'r mawrion sawl gwaith, chwaraewyr fel Cliff Morgan, Bleddyn Williams a Jack Mathews. Erbyn hyn mae e'n 87 oed ac yn byw gyda'i wraig yn Bishopston, ar benrhyn Gŵyr. Fe bellach yw'r ola o saith o blant gafodd eu codi ar y Green yn Nhrebanos.

Do'dd dim diddordeb 'da fi mewn gwaith ysgol yn Ysgol Gŵyr. Heblaw am bynciau fel Gwaith Coed, Gymnasteg a Drama, do'n i ddim tamed o eisie mynd i wersi. Yn wir, fe fyddwn i'n treulio diwrnodau cyfan yn cwato yn nhŷ ffrind i fi yn lle mynd i'r ysgol. Hyd yn oed bryd hynny ro'n i'n gwybod taw chwarae pêl-droed ro'n i am ei wneud, ac nad oedd unrhyw bwynt i fi chwysu i lwyddo mewn pynciau mwy academaidd. Roedd Luton Town eisoes wedi dangos tipyn o ddiddordeb yno'i ac ro'n i'n gwybod, yn ifanc iawn, taw yn Heol Kenilworth y byddwn i cyn bo hir.

Fe fuodd y staff yn Ysgol Gŵyr hefyd yn amyneddgar iawn tuag ata i. Fel arfer ro'n i'n defnyddio'r ffaith y byddwn i'n bendant yn chwaraewr pêl-droed proffesiynol yn esgus dros beidio â gwneud gwaith ysgol. I'r athrawon falle fod hynny'n swnio'n haerllug iawn ar y pryd, a doedden nhw ddim yn fy nghredu am eiliad, rwy'n eitha siŵr o hynny. Er i fi ga'l fy anfon yn amal i weld y prifathro, Dr Daniel, fuodd e erioed yn rhy llym arna i, ac rwy'n ddiolchgar iawn iddo am hynny. Rwy'n mwynhau ca'l sgwrs gydag e bob hyn a hyn. Pan fydda i'n mynd i 'nôl Rebeca a Joni o Ysgol Gymraeg Dewi Sant yn Llanelli weithie, fe fydd Dr Daniel yno, yn codi ei wyres fach o'r ysgol.

PENNOD 7

YN 15 OED, AR ôl sefyll fy arholiadau TGAU, ro'n i ar dân eisie gadel yr ysgol. Nid 'mod i wedi bod yn anhapus yn Ysgol Gŵyr. Yn wir, yng nghwmni ffrindie fel y brodyr Nicki a Chris Jenkins, Michael Hill a Barry Howells ro'n i wedi mwynhau fy amser yno. Er taw Saesneg roedden ni i gyd yn tueddu i siarad â'n gilydd, rwy mor falch heddi fod Mam wedi fy anfon i i ysgolion Cymraeg Lôn Las a Gŵyr. Roedd y profiad yn un gwerthfawr iawn gan ddangos i fi beth oedd bod yn Gymro yn ei olygu. O ganlyniad i'r addysg arbennig ges i, fe ddysges i'n gynnar iawn pa mor bwysig yw bod yn Gymro i fi. Hefyd, er y byddwn i wedi lico ca'l mwy o gyfle i siarad Cymraeg, rwy wedi dod i werthfawrogi bod cadw'r iaith yn hollbwysig i ni fel gwlad.

Wnes i ddim hyd yn oed mynd yn ôl i'r ysgol i godi'r darn o bapur o'dd yn nodi canlyniadau fy arholiadau TGAU. Ro'n i'n gwybod 'mod i wedi gwneud yn wael. Ond ro'dd 'da fi bishyn arall o bapur o'dd yn bwysicach o lawer i fi. Ar dechrau'r haf hwnnw ro'n i wedi derbyn llythyr oddi wrth Luton Town yn cynnig cytundeb i fi fel prentis o dan gynllun y YTS.

Felly, yn 15 oed, bant â fi i aros mewn lojin yn Luton.

Ro'n i wedi dechre chware i un o'r timau lleol, Clwb Bechgyn Lôn Las, pan o'n i'n chwech oed, mewn cynghrair ar gyfer bechgyn o dan wyth oed. Fel yna fuodd hi trwy 'mhlentyndod, chware bob amser gyda bechgyn o'dd ddwy flynedd yn hŷn na fi. Yn amal iawn roedden nhw ddwywaith fy seis i hefyd! Chwaraes fy ngêm gynta ar gae o'r enw y Clinig, sydd ond rhyw hanner milltir o ble rwy'n byw nawr yn Sgiwen. Ro'n i mor oer fe wnes i ddechre llefen a chrefu ar fy rhieni i adael i fi ddod bant o'r cae. Fe fynnon nhw 'mod i'n aros, gan ddweud wrtha i am redeg mwy er mwyn i fi ga'l twymo. Dyna ddigwyddodd ac o hynny mlaen fwynheues i bob eiliad o'r gêm.

Yn ystod y blynyddoedd nesa fe fyddwn i'n chware i ryw dri chlwb – Lôn Las, Clwb Bechgyn Winch Wen ac Afan Lido. Yn amal fe fyddwn i'n chware bedair gwaith yn ystod y penwythnos ac ro'n i wrth fy modd. Er 'mod i'n fach iawn ro'n i'n chware yn safle'r ymosodwr blaen ac yn gynnar iawn yn fy ngyrfa fe ddangoses i ryw dalent i roi'r bêl yng nghefen y rhwyd. Rwy'n cofio sgorio deuddeg gôl mewn un gêm, ac wyth a chwech mewn dwy arall. Eto, hyd yn oed pan o'n i'n ifanc iawn fe nath Nhad i fi sylweddoli nad o'dd e'n ddigon bod yn y lle iawn ar yr eiliad iawn. Ro'dd yn rhaid ymarfer sgiliau drwy'r amser hefyd.

Bob prynhawn Sul bydde fe'n mynd â fi lawr i gae'r Clinig ac yn treulio amser yn croesi'r bêl i'r canol lle y byddwn i'n ymarfer penio. Bydden ni'n rhoi sylw hefyd i reoli'r bêl yn iawn wrth iddi fy nghyrradd i. Ar ben hynny, fe fyddwn i'n treulio oriau yn trin pêl yng nghefn y tŷ bob dydd ar ôl yr ysgol ac yn enwedig yn ystod y gwyliau. Bydde ein cymdogion agosa ni'n amal yn gorfod diodde clywed y bêl yn ca'l ei tharo'n ddi-baid yn erbyn wal eu tŷ. Wedyn, bob hyn a hyn, bydden nhw'n cwyno amdana i wrth Mam a Nhad ond a'th pethe erioed yn gas rhyngddyn nhw, diolch byth!

Ers y cyfnod pan o'n i'n ymarfer ar gae'r Clinig ro'n i'n eitha da am benio pêl. Nid yn gymaint cyffwrdd y bêl â 'mhen, ond yn hytrach cael y cyhyrau yn fy ngwddwg i fagu pŵer wrth i fi godi i benio'r bêl. O ganlyniad gallwn daro'r bêl yn bwerus â 'mhen. Mewn gwirionedd ro'dd honno'n sgil y bydde chwaraewyr fel arfer yn ei meistroli pan o'n nhw'n llawer hŷn na fi. Ond, diolch i ymdrechion Nhad, fe ddysges i wneud hynny'n ifanc iawn, yn ogystal â chael llawer o dips eraill.

Wedi'r cyfan ro'dd e wedi bod yn dipyn o chwaraewr ei hunan, yn chware yn yr un safle â fi. Fe fu e am gyfnod ar lyfrau Abertawe ond chware yng Nghynghrair Cymru wnaeth e i dimau fel Hwlffordd, Rhydaman, Port Talbot ac Afan Lido. Fel mae'n digwydd, chware i Glwb Bechgyn Afan Lido, yn naw mlwydd oed, ro'n i pan dda'th un o sgowtiaid Luton, Cyril Beech, i 'ngweld i. Y canlyniad oedd iddo awgrymu i Luton y dylen nhw fy ngwylio i'n chware. Felly, pan o'n i'n ddeg oed fe ges i wahoddiad i dreulio cwpwl o ddyddie yno.

Daeth fy rhieni gyda fi ar y trên i Luton y tro cynta hwnnw a mynd â fi i'r lojin o'dd wedi'i drefnu gan y clwb ar fy nghyfer. Yna fe aethon nhw 'nôl gartre i'r Trallwm gan adael i'r Clwb ofalu amdana i am ychydig ddyddie. Un o'r pethau cynta ddigwyddodd oedd i David Pleat, rheolwr Luton, alw amdana i a mynd â fi i westy'r Grange. Yno ro'dd chwaraewyr y tîm cynta yn ca'l cinio cyn i David siarad â nhw am y gêm oedd i'w chware'r prynhawn hwnnw ar gae Heol Kenilworth. Gofynnodd e i fi beth faswn i'n lico'i ga'l i ginio gan fod dewis eang ar y menu. Rwy'n cofio taw'r unig beth o'n i'n moyn o'dd bîns a tships.

Ro'n i'n ffaelu credu 'mod i'n eistedd fan'na ochr yn ochr â rhai o enwau mawr y byd pêl-droed ar y pryd – Mick Harford, Brian Stein a Mal Donaghy. Ond yn fwy na hynny, dyna ble ro'n i, yn grwtyn deg oed, yn ca'l gweld fy arwyr i'n sgorio goliau ar gae Heol Kenilworth ar y dydd Sadwrn. Y diwrnod wedyn ro'n i'n ca'l gwneud yn gwmws yr un peth ar yr un cae. Yn y clybie mawr fydde neb fel arfer yn ca'l ymarfer ar gae'r tîm cynta, yn enwedig cryts bach deg blwydd oed. Bydde 'da nhw bob amser gaeau a chyfleusterau arbennig ar gyfer sesiyne ymarfer.

Y rheswm pam bod Luton yn wahanol o'dd bod wyneb plastig ar gae Heol Kenilworth a do'dd ymarfer arno ddim yn gwneud unrhyw ddrwg i'r cae. Bues i'n chware arno'n amal yn ystod y saith mlynedd nesa, wrth gwrs, ac ro'dd iddo fanteision ac anfanteision. Do'n i ddim yn lico chware gêmau arno achos bod yn rhaid i fi'n gynta wisgo sgidie a styds arbennig arnyn nhw. Yn ail, do'dd dim posib llithro i mewn i dacl ar yr wyneb plastig ac yn drydydd, wrth gwympo arno ro'dd chwaraewyr yn amal yn ca'l llosgiadau ar y croen, o'dd yn gallu bod yn eitha poenus.

Ond mae arna i ddyled i gae plastig Heol Kenilworth am un peth. Rwy bob amser wedi bod yn browd o'r ffaith fod fy nghyffyrddiad cynta ar y bêl, pan o'n i'n chware fel ymosodwr blaen, fel arfer yn un eitha da. Y rheswm am hynny, yn fy marn i, yw'r holl orie y bues i'n ymarfer ar gae Heol Kenilworth. Mae'r bêl yn tueddu i saethu oddi ar yr wyneb plastig ac yn dod atoch chi'n llawer cyflymach nag y bydde ar gae arferol. Felly ro'dd angen oriau o arfer â'r amodau arbennig hynny er mwyn meistroli'r cyffyrddiad cynta hollbwysig yna. Erbyn hyn, wrth gwrs, do's dim hawl gan glybiau i chware gêmau ar gaeau plastig.

Felly rwy'n dddiolchgar iawn i Luton am fy helpu i ddatblygu'r sgìl arbennig honno ac am lawer o bethau eraill. Rhoddon nhw flas cynta mor arbennig i fi ar fywyd chwaraewr pêl-droed proffesiynol. Ro'dd yr ychydig ddyddiau hynny, a minnau ond yn ddeg oed, yn ddechre ar berthynas arbennig iawn rhyngo i a Luton Town a'r rheolwr, David Pleat.

PENNOD 8

FE FYDDA I'N DDIOLCHGAR am byth i Cyril Beech am agor y drws i fi fynd i glwb Luton. Bues i'n westai ar y rhaglen deledu *This is Your Life* unwaith, fel un o ffrindie Vinnie Jones pan oedd e'n seren y noson. Rwy i wedi dweud erioed, petaen nhw wedi gwneud rhaglen debyg arna i, y person cynta y byddwn i wedi gofyn iddo ddod arni fydde Cyril Beech. Fe fuodd e, a'i frawd Gilbert, yn chware'n gyson i Abertawe ym mhumdegau'r ganrif ddiwetha ac ro'dd e'n deall y gêm i'r dim. Fe fuodd e'n arbennig o garedig wrtha i yn y dyddie cynnar hynny pan fyddwn i'n mynd yn rheolaidd yn ôl a blaen i Luton. Ro'n i mewn cysylltiad agos ag e tan iddo farw, rhyw naw mlynedd yn ôl yn, 76 mlwydd oed.

Ar ôl y tro cynta hwnnw fe dreulies i sawl penwythnos a rhan o bob gwyliau ysgol yn ca'l hyfforddiant yn Heol Kenilworth. Fe fyddwn i'n mynd ar y trên o Abertawe yn 14 oed ac yn ca'l cwmni ambell i Gymro arall ar y daith, fel Mark Pembridge, Ceri Hughes a Jason Rees. Fe a'th y tri ohonyn nhw 'mlaen i chware i Gymru yn y man. O ran maint ro'n i'n fach iawn, felly fe fydde Nhad yn gofyn i Mark edrych ar fy ôl i yn ystod y daith. Ro'n i bob amser yn edrych ymlaen at ddod 'nôl i Abertawe ond fues i erioed yn ddigalon yn Luton, a wnes i erioed deimlo'n hiraethus yno. Mae'n siŵr fod hynny'n brawf pa mor dda roedden nhw'n fy nhrin i. Ro'dd e hefyd yn arwydd pa mor hapus oeddwn i wrth ddysgu'r sgiliau fydde'n fy helpu i fod yn chwaraewr proffesiynol.

Fe ges flas ar wisgo crys coch Cymru gynta pan ges fy newis i chware i Glybiau Bechgyn Cymru yn erbyn Bechgyn yr Alban lan yn Dundee pan o'n i'n 14 oed. Do's dim atgofion pleserus iawn 'da fi o'r diwrnod hwnnw achos fe dorres i 'mraich yn ystod y gêm! Aeth rhai blynyddoedd heibio cyn i fi chware unwaith eto i un o dimau Cymru, sef y tîm o dan 18 oed. A dweud y gwir, ches i mo 'newis o gwbwl i dîm dan 15 Cymru.

Tan i fi arwyddo ffurflen i fod yn brentis gyda Luton ro'dd hawl gan unrhyw glwb arall i gynnig telerau i fi. Yn wir fe fues i'n ymweld â chlybie Leeds United a Manchester City. Ro'dd sôn bod gan Abertawe hefyd ddiddordeb yno' i ond ro'n i'n bendant y bydde symud bant i fyw yn llawer gwell i fi nag aros gartre. Ro'n i'n gallu gweld y bydde cymysgu â'r ffrindie ro'n i wedi ca'l fy magu yn eu cwmni'n siŵr o achosi problemau. Bydde hi wastad yn demtasiwn i dreulio amser yn eu cwmni, yn gwneud dim byd mwy falle na chicio'n sodlau am oriau ar gornel y stryd. Yn lle hynny, bydde gofyn i fi nawr ga'l rhywfaint o ddisgyblaeth yn fy mywyd os o'n i'n mynd i lwyddo fel chwaraewr proffesiynol.

Bydde gan y clybiau yr ymweles â nhw dipyn i'w gynnig i brentis fel fi. Eto, do'n nhw ddim yn gallu cystadlu â'r teimlad cyfforddus a chartrefol ro'n i'n ei fwynhau yn Heol Kenilworth. Ro'n i wedi dod i nabod rhai o'r sêr, fel Mick Harford a Marvin Johnson, ac roedden nhw wastad wedi gofalu amdana i. Fe fydden nhw'n amal yn estyn cwpwl o bunnoedd i fi tuag at fy nghostau byw yn Luton. Ro'dd hi'n eitha drud byw oddi cartre, hyd yn oed ar ôl i fi arwyddo fel prentis. Bryd hynny £29.50 yr wythnos o'dd fy nghyflog, ond ro'n i'n mwynhau, er bod gofyn gweithio'n galed iawn. Fe fydden ni'r prentisiaid wrthi drwy'r dydd tan bump o'r gloch fel arfer, gan ymarfer ein sgiliau a chreu gwahanol symudiadau a phatrymau chware dro ar ôl tro.

Cyn bo hir, gyda chymorth yr hyfforddwr ieuenctid yno, Terry Westley, o'dd hefyd fel tad i fi, fe ddechreues wneud marc yn y tîm ieuenctid. Ro'n i'n chware mewn cynghrair o'dd y cynnwys timau ieuenctid clybiau fel Arsenal a Tottenham, felly ro'dd y safon yn uchel iawn. Erbyn hyn ro'n i wedi dechre tyfu a bellach yn weddol dal. Ar ben hynny ro'dd fy agwedd ar y cae yn eitha caled a ffyrnig, nodwedd a fu 'da fi erioed mewn gwirionedd. Falle, yn y blynyddoedd cynnar, fod ca'l agwedd fcl'na o gymorth am 'mod i mor fach. Oddi ar y cae ma' pobol fel arfer yn meddwl 'mod i'n berson eitha swil. Rwy'n cyfadde, serch hynny, 'mod i'n hollol wahanol yn ystod gêm.

Mae Joni, fy mab, newydd ga'l ei ddewis, yn un o 15 aelod o academi bêl-droed Clwb Abertawe i fechgyn o dan 8 oed. Mae 'da fe dipyn o dalent a llawer o addewid. Er bod sgilie bois yr academi heddi cystal â'r rhai o'dd 'da ni, rwy'n credu bod un gwahaniaeth mawr. Dyw bechgyn oedran Joni y dyddie hyn ddim yn dangos yr un tân ar y cae ag o'dd 'da ni pan oedden ni'n gryts. Pan fyddan nhw mewn trafferth dy'n nhw ddim yn ymladd 'nôl gyda digon o galon, yn fy marn i. Rwy'n cofio bod ennill yn golygu popeth i fi pan o'n i eu hoedran nhw. Yn wir os na fydden ni'n ennill fe fyddwn i wastad yn llefen.

Fe barhaodd yr agwedd gystadleuol honno yno i drwy fy mlynyddoedd cynnar fel pêl-droediwr. Eto, er gwaetha'r hyn ro'dd rhai pobol yn ei feddwl, fyddwn i byth yn trio chware'n frwnt. Rwy'n cyfadde 'mod i wedi cael rhyw wyth cerdyn coch yn ystod fy ngyrfa, ond mae chware yn safle'r ymosodwr blaen yn golygu bod yn rhaid ymladd yn galed am y bêl ac am safle da wrth ymosod. Ro'dd yr amddiffyn, wrth gwrs, yn benderfynol o'n rhwystro i, felly ro'dd yn rhaid i fi fod yn gorfforol. Weithic, falle, yn rhy gorfforol! Fe sylweddoles i hynny ymhen rhai blynyddoedd achos ro'n i wedi cael yr holl gardiau coch erbyn 'mod i'n 26 oed. Wedyn fe wnes i chware dros 230 o gêmau i Celtic heb gael yr un cerdyn coch. Do, fe ges i fy anfon bant unwaith wrth chware i Celtic. Ond fe gafodd y cerdyn coch ei ganslo gan Gymdeithas Bêl-droed yr Alban ychydig ddyddie wedyn ar ôl iddyn nhw weld yn gwmws beth ddigwyddodd.

Y person wnaeth ddangos i fi pa mor bwysig o'dd cadw disgyblaeth er mwyn bod yn ymosodwr blaen llwyddiannus o'dd Martin O'Neill pan o'dd e'n rheolwr ar glwb Celtic. Mae 'da fi'r parch mwya tuag at Martin ac fe ddysges i lawer ganddo. Fe ddywedodd e wrtha i taw Brian Clough o'dd wedi gwneud iddo fe sylweddoli pa mor bwysig o'dd bod â disgyblaeth fel chwaraewr. Fe o'dd rheolwr Nottingham Forest pan o'dd Martin yn un o sêr y tîm hwnnw. Dywedodd wrtha i hefyd nad o'dd e erioed wedi cyflwyno CV wrth wneud cais am unrhyw swydd. Y cyfan fydde fe'n ei ddweud mewn cyfweliad fydde: 'I haven't sent a CV. My CV is simply that I spent twenty years with Brian Clough!'

PENNOD 9

BYDD POBOL YN AMAL yn gofyn i fi pa chwaraewyr o'dd y rhai gore y des i ar eu traws yn ystod fy ngyrfa. Mae hwnnw bob amser yn gwestiwn anodd achos 'mod i wedi chware ar yr un cae â chyment o fechgyn da iawn. Mae'n anodd hefyd oherwydd bod gwahanol chwaraewyr yn dda am wneud gwahanol bethau. Yn sicr, mae'r rhestr o amddifynwyr canol arbennig a fu'n fy marco i'n un hir. Yn eu plith mae Neil Ruddock, Gary Pallister, Colin Henry, Rio Ferdinand, John Terry a Sol Cambell.

Ond yn sicr yr un gore ohonyn nhw i gyd o'dd **Roberto Ayala**. Fe wynebes i fe pan o'n i'n chware i Celtic yn erbyn Valencia. Archentwr yw e, a chwaraeodd dros gant o weithiau i'w wlad. Erbyn hyn ma' fe 'nôl yn chware yn yr Ariannin gyda River Plate. Ro'dd y gêm yn stadiwm Mestalla, yng Nghynghrair y Pencampwyr. Ma'r cae hwnnw yn lle anodd i chware ynddo gyda'i seddau ofnadwy o serth a hanner can mil o gefnogwyr tanllyd yn gwylio. Mae'n waeth byth pan fo rhywun fel Ayala yn eich marco chi. Un cymharol fach yw e, dim ond pum troedfedd a naw modfedd o daldra. Dyna pam falle taw ei lysenw fe yw '*el raton*', y llygoden. Ond ro'dd popeth 'da fe. Ro'dd e'n gallu neidio'n dda, yn gyflym dros ben, yn daclwr cryf ac yn un o'dd yn gallu troi'n sydyn. Y fe gafodd ei ddewis yn amddiffynnwr gore Cynghrair y Pencampwyr yn 2001.

Yn ail, fe faswn i'n rhoi **Richard Gough**, a fu'n chware yn benna i Spurs a Rangers. Hefyd fe gynrychiolodd yr Alban 61 o weithie. Yn wahanol i Ayala ro'dd e dros ei chwe throedfedd ac yn foi anodd iawn i ga'l y gore arno fe, yn enwedig yn yr awyr. Yn gyfartal â fe byddwn i'n rhoi **Tony Adams**, o'dd yn gapten arna i pan ymunes i â chlwb Arsenal. Yn wir, fe o'dd y capten gore bues i'n chware iddo erioed. Weithie, pan fydde fe'n siarad â ni yn y stafell newid ro'dd e'n gallu gwneud i wallt 'y mhen i godi.

Ro'n i'n mwynhau chware yn erbyn pob un o'r rhai rwy i wedi'u henwi gan y byddai cystadleuaeth deg rhyngon ni bob amser. Ar ddiwedd pob gêm bydden ni'n siglo llaw er y bydde 'nghorff a 'nghoese i'n ddu ac yn las yn amal. Ond ro'n i'n lico'r sialens gorfforol. Fe fyddwn i'n gwybod 'mod i wedi bod mewn brwydr, ond bydde'r brwydre wedi bod yn onest yn erbyn y bechgyn hyn. All rhywun ddim dweud hynny mor amal y dyddie hyn. Ma' cyment o chwaraewyr heddi'n dysgu'n ifanc sut i gwympo bob tro y byddan nhw o dan unrhyw bwyse corfforol. Ro'dd y rhai rwy i wedi'u henwi hefyd yn ddynion grêt, yn bobol ro'n i'n mwynhau ca'l sgwrs a pheint yn eu cwmni yn y bar ar ôl y gêm

Bydde Richard Gough a Tony Adams hefyd yn uchel ar fy rhestr i o'r chwaraewyr caleta rwy i wedi chware yn eu herbyn nhw erioed. Ond yn sicr yr enw ar ben y rhestr honno fydde **Steve Bruce**. Bydde rhai'n dweud bod siâp ei drwyn e erbyn hyn yn dangos iddo fod mewn sawl brwydr. Fydde Steve byth yn gwastraffu ei anadl trwy drio eich gwylltio a'ch ca'l chi i golli'ch tymer. Bydde fe bob amser yn canolbwyntio ar ennill y bêl yn deg ac yn rhoi ei holl ymdrech i wneud hynny. Ar ddiwedd fy ngyrfa, pan o'n i gyda West Brom, ro'n i'n byw ar bwys Steve a'i wraig. Ro'dd e'n rheolwr Birmingham ar y pryd ac fe ddes i i'w nabod fel bachan ffein iawn. Fe gas Sarah a finne nosweithie pleserus iawn yng nghwmni Steve a'i wraig mewn gwahanol dai bwyta.

Er mor ffyrnig yn gorfforol o'dd llawer o'r gêmau y bues i'n eu chware, fe fues i'n lwcus iawn i osgoi ca'l niwed. Ers dyddiau plentyndod fe fues i'n chware am ryw 22 o flynyddoedd cyn i fi orfod ca'l unrhyw fath o lawdriniaeth. Erbyn hynny, a finne'n 28 mlwydd oed a'r cefen wedi bod yn rhoi llawer o boen i fi ers tro, bu'n rhaid i fi gael llawdriniaeth achos ro'n i'n ca'l trafferth gydag un o'r disgiau yn fy nghefen. Fe fu'n rhaid i fi ga'l rhagor o driniaeth yn nes ymla'n cyn y llwyddes i ga'l gwared ar y broblem. O ganlyniad fe lwyddes i barhau i chware am bedair blynedd arall. Ond ma' rhai chwaraewyr wedi bod yn llawer mwy anlwcus na fi o ran nifer yr anafiadau maen nhw wedi'u ca'l.

Yn ail ar y rhestr o ddynion caled mae **Neil 'Razor' Ruddock**. Fe wnes i chware yn ei erbyn e sawl gwaith ond da'th e 'nôl i West Ham pan o'n i'n chware gyda nhw. Ro'dd e'n sicr yn un o'r chwaraewyr cryfa i fi gwrdd ag e. Ro'dd e'n dipyn o gymeriad a daethon ni'n ffrindie da iawn yn Upton Park. Ro'dd e wedi crwydro tipyn erbyn hynny a cha'l profiad o chware i Lerpwl, Spurs, Millwall, a Lloegr hefyd. Felly, ro'dd e'n gwybod sut i edrych ar ôl ei hunan ar y cae ac yn gyfaill da i'w ga'l yn yr un tîm. Erbyn hyn mae e ddwywaith fy seis i ac yn llwyddiant mawr fel siaradwr cyhoeddus

Mae pawb, rwy'n meddwl, wedi gweld y llunie ofnadw hynny ohona i'n anelu cic at ên Eyal Berkovic ar y maes ymarfer pan o'n i gyda West Ham. Bydd chwys oer yn dal i dorri drosta i, hyd yn oed heddi, pan fydda i'n meddwl am y digwyddiad hwnnw. 'Smo fi'n gallu esbonio pam y gwnes i ffrwydro fel y gwnes i, ro'dd e'n anfaddeuol ac fe ddes i â chwilydd mawr ar fy nheulu a fi fy hunan. Mae'n wir bod y sesiwn ymarfer honno wedi bod yn un llawn tensiwn. Mae'n wir hefyd fod Eyal wedi fy nharo yn fy stumog pan estynncs fy llaw i'w helpu fe i godi ar ôl i fi ei daclo. Ond do'dd hynny ddim yn esgus am y ffordd y gwnes i ymateb. Beth bynnag, os edrychwch chi ar y llunie eto, fe welwch chi taw'r person sy'n sefyll wrth fy ochr i ac yn trio tawelu pethe yw 'Razor'. Symudodd Eyal i Celtic ymhen ychydig ac yn ddiweddarach y flwyddyn honno gwnes i ei gyfarfod e a'i deulu yn Disneyland ym Mharis. Buon ni'n siarad ac ro'dd popeth yn iawn rhyngddon ni er na wnaeth yr un ohonon ni sôn am y digwyddiad hwnnw ar faes ymarfer West Ham.

Mae'n bosib nad yw rhai ohonoch chi wedi clywed am y trydydd dewis ar fy rhestr o'r dynion caleta y des i ar eu traws. Bues i'n chware yn ei erbyn e ddwywaith a'i enw yw **Andy Morrison**. Ro'dd e'n amddiffynwr canol gyda thîm Huddersfield Town, cyn symud i chware i Manchester City. Ro'dd e'n fawr o gorff, yn sgwâr a heb ddim braster. Ro'dd e hefyd yn un o'r chwaraewyr dewra a fu'n chware yn fy erbyn i. Ychydig yn ôl, fe gyhoeddodd cefnogwyr Manchester City yn eu cylchgrawn restr o'r chwraewyr caleta erioed a fu'n gwisgo'r crys glas golau. Da'th Andy Morrison yn ail, y tu ôl i Mike Doyle, ond yn uwch na Stuart Pearson hyd yn oed.

PENNOD 10

YN NATURIOL, FALLE, MA' 'da fi feddwl mawr o chwraewyr sy'n gallu sgorio goliau. Wedi'r cyfan dyna beth o'n i'n lico'i wneud mewn gêm bêl-droed. Felly, ma'r rhai o'dd yn dda am roi'r bêl yn y rhwyd yn uchel ar fy rhestr o'r chwaraewyr mwya talentog y bues i ar yr un cae â nhw. O ran yr ymosodwyr fuodd yn yr un tîm â fi, y gorau ohonyn nhw i gyd o'dd **Ian Wright**. Yn ystod ei yrfa fe sgoriodd bron i 400 o goliau ac ro'dd popeth 'da fe o ran sgiliau. Er ei fod e'n ddyn eitha bach ro'dd e'n gallu edrych ar ei ôl ei hunan ar y cae. Ro'dd 'da fe hefyd ddau beth pwysig ychwanegol: bydde fe'n un da am weld tacl yn dod ac o ganlyniad yn gallu ei hosgoi hi mewn pryd; yn ail, ro'dd tipyn o'r diawl ynddo, ac mae'n rhaid ca'l hynny i fod yn ymosodwr da.

Mae'r natur yma hefyd yn Steven Gerrard a Wayne Rooney, fel ro'dd e yn Paul Gascoigne, Bryan Robson, Kenny Dalglish a Dean Saunders slawer dydd. Ond heddiw dyw hi ddim mor hawdd i chwaraewr fod yn ddiawl. Yn yr hen ddyddie bydde chwaraewyr yn arfer mynd i mewn yn galed a chymryd y dyn â'r bêl, yn enwedig ar ddechre gêm. Ro'dd e'n digwydd yn gyffredin ac yn ffordd o atgoffa'r bachan arall eich bod chi'n mynd i fod ar ei war e drwy'r gêm. Ro'dd llawer mwy o le i frwydrau corfforol bryd hynny ac ro'n i'n bersonol yn lico hynny. Ond, cofiwch, doedd codi dyrne na rhoi tacl beryglus ddim yn rhan o'r math 'na o chware.

Yn amal heddi bydd rhywun sy'n taclo felly'n ca'l cerdyn coch. Chewch chi ddim taclo o'r tu ôl bellach, chwaith. Gan fod camerâu o gwmpas y cae ym mhob man yn cofnodi pob dim sy'n digwydd, bydd chwaraewyr yn ymddangos o flaen yr FA yn amlach y dyddie hyn. Dyw'r clybie chwaith ddim yn hapus i weld chwaraewr yn gorfod gadel y cae am ryw drosedd neu'i gilydd. Rwy'n credu bod y rheolau wedi mynd yn rhy llym bellach a dyfarnwyr yn llawer rhy ffysi ac yn rhy anghyson.

Eto ro'n i'n ofnadw am gwyno wrth y dyfarnwr. Ro'n i'n chware mewn safle lle bydde rhywun yn fy ngwthio, neu'n tynnu fy nghrys, neu'n fy nghico o hyd. Felly ro'n i wastad yn trio ca'l y dyfarnwr i weld fy safbwynt ac i roi cic gosb o 'mhlaid i. Ro'dd siort Mark Hughes, a Kevin Davies yn debyg i fi yn hynny o beth. Pan fydde hi'n frwydr gorfforol galed rhyngoch chi a'r amddiffynnwr, ro'dd ambell ddyfarnwr yn dda am adel i chi sorto pethe mas eich hunain. Ond mae rhai dyfarnwyr yn chwythu am y peth lleia. Pan fyddwn i'n neidio'n uchel i benio pêl ro'dd codi fy mreichiau yn ffordd awtomatig o amddiffyn fy hunan. Eto ma' rhai dyfarnwyr heddi yn llym iawn ar rywun sy'n gwneud hynny ac fe fyddan nhw'n dangos cerdyn yn amal.

Ar ôl dweud hynny, ma 'da fi dipyn o barch i ddyfarnwyr. Mae un yn arbennig yn serennu i fi. Ei enw yw **Hugh Dallas** ac ro'dd e'n dyfarnu yng Nghynghrair yr Alban pan o'n i'n chware i Celtic. Ro'dd e hefyd wedi dyfarnu yn Rowndiau Terfynol Cwpan y Byd ddwywaith ac yng Nghynghrair y Pencampwyr. Mewn un gêm danllyd rhwng Celtic a Rangers, jest cyn i fi fynd i'r Alban, fe halodd e dri chwaraewr bant o'r cae, ac fe gollodd Celtic o dair gôl i ddim. Yn anffodus cafodd bricsen ei thaflu drwy ffenest cartre Hugh y noseth wedyn. Fe fyddwn i bob amser yn mwynhau'r gêm pan o'dd e wrth y llyw. Mae'n rhaid cofio bod dyfarnwyr yn gwneud jobyn anodd iawn ac mae'n hawdd ffindo bai arnyn nhw. Rwy'n credu bod pobol fel Syr Alex Ferguson a Rafael Benitez yn rhy barod o lawer i ddweud y drefn am ddyfarnwyr wedi i'w timau ga'l gêm siomedig.

Erbyn hyn rwy i wedi dod i sylweddoli

bod llawer o'r condemnio arnyn nhw'n amal yn annheg. Y dyddiau hyn bydda i'n aml yn gweithio ar raglenni teledu ac yn rhan o dîm sy'n edrych yn ofalus ar symudiadau a goliau gyda chymorth pob math o offer. Yn y stiwdio rwy'n gallu sylwi ar symudiad o ryw chwe ongl gwahanol ac mae modd arafu'r ffilm i edrych ar ddigwyddiad yn fanylach a'i ailchwarae, os oes rhaid. Ond wrth gwrs dim ond unwaith, ac am hanner eiliad yn unig, mae'r dyfarnwr yn ca'l gweld digwyddiad ar y cae.

Yn ail ar fy rhestr i o'r chwaraewyr gore a fuodd yn yr un tîm â fi mae **Henrik Larsson**, a chwaraeodd i Celtic yn ystod yr un cyfnod â fi. Ma'r ffaith ei fod wedi sgorio dros 240 o goliau yn ei yrfa yn dangos pa mor dda o'dd e. Fe chwaraeodd i Sweden mewn tri Chwpan y Byd ac mae nawr yn rheolwr ar un o glybie'r wlad honno. Do'dd e ddim yn fawr ond ro'dd 'da fe'r holl sgilie a'r 'diawl' yn ei chware y sonies amdano'n barod. Ond ro'dd 'da fe un peth sbesial iawn arall, sef bod yn y lle iawn ar yr adeg iawn ac yn fwy na hynny hyd yn oed, ro'dd gweledigaeth 'da fe. Ro'dd e'n gallu gweld, o fla'n pawb arall, ble bydde'r lle iawn i fod a phryd yn gwmws y dyle fe symud i'r lle hwnnw.

Un y gallwn i'n hawdd ei gynnwys yn y

rhestr arbennig yma fydde **Ian Rush**. Ro'dd e'n un arall â'r weledigaeth sbesial yna ac fe weles i hynny sawl gwaith pan o'n i'n chware i Gymru gyda fe. Pan fydde'r bêl weithie mas ar yr asgell dde neu'r chwith bydde Rushie'n loncian i mewn i'r cwrt cosbi. Yn sydyn, bydde fe'n sbrinto'n galed ac yn cyrradd y man iawn i dderbyn y bêl hanner eiliad cyn y dyn o'dd yn ei farco. Dyna beth o'dd yn ei godi fe a Henrik Larsson uwchlaw'r chwaraewyr eraill.

Y trydydd ar fy rhestr i o'r chwaraewyr gore y bues i'n chware gyda nhw yw **Paul Merson**. Roedden ni'n dau yn nhîm Arsenal gyda'n gilydd. Do'dd e ddim yn enwog am sgorio goliau, eto fe sgoriodd bron i gant yn ystod ei yrfa. Ond, fel Ryan Giggs, do'dd dim llawer o chwaraewyr yn well na fe am eu creu nhw. Yn y lle cynta ro'dd 'da Mers weledigaeth arbennig. Hefyd, fe fydde fe'n gallu pasio'r bêl yn wych gyda'r naill droed neu'r llall. Ro'dd e'n gallu gwneud hynny gan ddefnyddio'r tu fewn neu'r tu fas i'w droed. Gyda llaw, wnes i ddim dysgu taro pêl yn iawn gyda 'nhroed chwith nes 'mod i wedi bod yn Luton am dipyn o amser. Ond ar ôl gweithio'n galed ar hynny fe sgores i ambell gôl dda â'r droed chwith. Yn yr un modd, fe fu'n rhaid i fi ymarfer am flynyddoedd cyn 'mod i'n hollol hapus â'r ffordd ro'n i'n rheoli

a gwarchod y bêl pan o'dd fy nghefen i at y gôl. Yn wir galla i ddweud 'mod i'n chware i dîm Cymru cyn 'mod i'n hollol bles â'r ffordd ro'n i'n gwneud hynny.

PENNOD 11

O RAN Y CHWARAEWYR â dawn arbennig fuodd yn chware yn fy erbyn i, ma'r rhestr yn un hir. Gallwn i gynnwys Mark Hughes, Ryan Giggs, Ronaldo, Rooney ac yn y blaen. Ond yn sicr yr un sy ar ben fy rhestr i yw **Ronaldinho**. Pan wnes i chware yn ei erbyn e dair blynedd yn ôl ro'dd e'n un o sêr tîm Barcelona. Y fe, yn fy marn i, o'dd y chwaraewr gore yn y byd ar y pryd. Ro'dd 'da fe'r holl sgiliau y byddwn i'n arfer eu cysylltu â chwaraewyr o Brasil – mor gartrefol ar y bêl, balans ffantastig, yn gallu maeddu dyn mor hawdd ac yn sgorio'n amal. Hefyd ro'dd 'da fe'r ddawn i wneud y peth annisgwyl. Mae pawb, mae'n siŵr, yn cofio'r gôl 'na sgoriodd e i Brasil yn erbyn Lloegr. Fe drawodd e gic rydd o 35 llath a hwyliodd i mewn i'r rhwyd dros ben David Seaman. Ro'dd y golwr mor syn â phawb arall. Bellach dyw Ronaldinho ddim cystal chwaraewr ag y buodd e. Ma' bois fel Messi a Ronaldo ar y brig erbyn hyn, ond yn fy marn i 'dyn nhw ddim eto wedi cyrradd safon Ronaldinho pan oedd hwnnw ar ei ore.

Yn ail ar y rhestr mae **Franco Baresi**. Fe wnes i chware yn ei erbyn yn nhîm Celtic yn erbyn AC Milan yn y Super Cup Final. Fe fydde fe fel arfer yn chware yn safle'r sgubwr ac ro'dd e wedi ennill pob anrhydedd posib yn y gêm. AC Milan yw'r unig glwb y ma' fe wedi chware iddo erioed, a hynny dros chwe chant o weithie. Rodd y chwaraewr rwy'n ei roi yn drydydd ar y rhestr yma, **Paolo Maldini**, yn yr un tîm â Baresi yn y gêm arbennig honno. Amddiffynnwr canol o'dd e ac ro'dd e hefyd wedi treulio'i holl yrfa yn chware i AC Milan, dros 900 o weithie i gyd. Yn wir fe gafodd y pedwar a chwaraeai yn y cefn i AC Milan, pan o'dd Baresi a Maldini'n chware yno, eu disgrifio fel y pedwar gorau erioed yn y cefn yn hanes pêl-droed. Yn ystod fy ngyrfa fe wnes i chware yn erbyn Maldini bump neu chwech o weithiau. Un o drysorau'r byd pêl-droed rwy'n dal fy ngafael arno yw crys ges i 'da Maldini ar ôl un o'r gêmau hynny.

Un fraint fawr o fod yn chware pêl-droed ar y lefel ucha yw bod rhywun yn ca'l crwydro a pherfformio ar lwyfannau pêl-droed mwya'r byd. Rhai o'r caeau pêl-droed a wnaeth argraff fawr arna i fel pêl-droediwr yw Mestalla, cae Valencia; y Bernabéu, stadiwm Real Madrid; a'r hen Wembley. Ond 'dyn nhw ddim yn dod ar ben y rhestr o'n hoff gaeau pêl-droed chwaith. Ar y brig ma' **Celtic Park**, o'dd yn gartref i fi a 60,000 o gefnogwyr ffyddlon am bum mlynedd. Ro'dd awyrgylch ffantastig yno bob amser ac ro'n i wastad yn ca'l y teimlad y gallen ni ennill yn erbyn unrhyw dîm pan o'n i'n chware yn Celtic Park. Ma'r adnoddau yno wedi gwella llawer dros y blynyddoedd diwetha. O dan Martin O'Neill, am y tro cynta ers 30 mlynedd, ro'dd Celtic yn dal yng nghystadlaethau Ewrop ar ôl tymor y Nadolig. Yn sgil hynny fe lwyddodd y clwb i adeiladu eisteddle newydd, i ga'l gwell cyfleusterau newid a sicrhau cae ymarfer newydd. Ac fe gawson nhw wared ar 'y jyngl', sef y rhan o'r cae lle bydde'r ymwelwyr yn sefyll.

O ran cefnogwyr, does neb yn well na Celtic. Dim ond un clwb arall yn y byd sydd â mwy o gefnogwyr a Manchester United yw hwnnw. Bob blwyddyn, cyn i'r tymor ddechre, fe fydden ni'n symud o Glasgow i chware gêmau yn yr Unol Daleithiau yn erbyn Lerpwl, Roma a Manchester United, yn Seattle ac yn stadiwm y New York Giants. Bydde 75,000 o bobol yn y dorf fel arfer, ac ro'dd 60,000 ohonyn nhw'n gefnogwyr Celtic. Ar ôl dod 'nôl fe fydden ni'n mynd lawr i Lundain i chware yn erbyn QPR, ac yna Watford. Fe fydde 20,000 o gefnogwyr Celtic yn dod i'r gêmau hynny, pobol o'dd yn byw yn Llundain. Ro'dd 'da fi berthynas arbennig â'r dorf yn Celtic Park. Ro'dd 'da nhw gân fach y bydden nhw'n ei chanu, i'r dôn 'Winter Wonderland', pan o'n i'n gwneud rhywbeth o'dd yn eu plesio nhw:

Johnnie Hartson... Johnnie Hartson
He's got no hair, but we don't care
Walking in a Hartson Wonderland.

A dweud y gwir, ro'dd 'da fi berthynas dda â chefnogwyr pob clwb rwy i wedi chware iddyn nhw. Yn sgil y gwaith teledu rwy i wedi bod yn ei wneud rwy i wedi ca'l achos i fynd i stadiwm yr Emirates ac i Upton Park. Fe ges fy nghyflwyno i'r dorf yn y ddau le a rhoeson nhw groeso gwych i fi. Dwi ddim wedi bod 'nôl yn Luton ond byddwn i'n lico mynd yno. Ro'dd y cefnogwyr fan'no yn sbesial iawn hefyd.

Yn yr ail safle ar y rhestr o'n hoff gaeau ma' **Old Trafford**. Ro'dd rhyw awyrgylch sbesial 'na bob tro, falle oherwydd y traddodiad arbennig sy'n perthyn i Manchester United. Ro'n i wastad yn ca'l rhyw gic arbennig mas o chware yno. Pan o'n i'n grwt bach, Lerpwl o'dd y clwb ro'n i'n ei gefnogi ac Ian Rush a Kenny Dalglish o'dd fy arwyr mawr i. Dyw hi ddim yn syndod, felly, taw **Anfield** yw'r trydydd stadiwm ar fy rhestr i.

Ond ma' 'da fi reswm arall dros ddewis

Anfield. Yno y sgores i'r gôl orau i fi ei sgorio erioed. Ar ôl gêm gyfartal yn erbyn Lerpwl yn Celtic Park, yng Nghwpan UEFA, ro'dd yr ailchwarae yn Anfield yr wythnos wedyn. Do'dd dim llawer o dimau yn ennill yn Anfield y dyddie hynny. Gyda bois fel Michael Owen, Gerrard, Heskey, Dudek a Carragher yn nhîm Lerpwl ar y nosweth honno do'dd dim disgwyl i ni wneud hynny chwaith. Ond yn y gêm honno chwaraeodd Celtic yn wych.

Fe aethon ni ar y blân gyda gôl gan Alan Thompson a do'dd Lerpwl ddim yn y gêm. Yna dyma bêl hir yn ca'l ei chicio lawr y cae ata i gan Rab Douglas, ein golwr ni. Fe wnes i chware un-dau gyda Henrik, heibio i Dietmar Hamann. Yna fe godes i 'mhen i edrych ar y gôl a gollwng ergyd o 30 llath. Dyma'r bêl yn hedfan i dop y rhwyd. Ro'dd fy rhieni y tu ôl i'r gôl, gyferbyn â'r Kop, ynghanol rhyw 2,500 o gefnogwyr Celtic. Yn ôl Nhad, oni bai fod rhwyd dros y gôl bydde'r bêl wedi mynd yn syth i'w ddwylo fe! Fe enillon ni'r gêm o ddwy gôl i ddim.

PENNOD 12

O'R 200 GÔL A mwy a sgorics i, gydag wyth clwb gwahanol ac i Gymru, mae 'na un fydd yn sefyll yn fy nghof am byth. Honno yw'r gôl sgories i i Gymru yn erbyn yr Alban ar barc rygbi Kilmarnock. Honna o'dd y gôl gynta erioed i fi sgorio yn y crys coch ac mae'n dal yn fyw yn y cof o hyd. Peth arall sy'n ei gwneud hi'n sbesial yw taw hon o'dd unig gôl y gêm. Ro'n i eisoes wedi cynrychioli Cymru ddeg o weithie, felly ro'n i mor falch pan fwres i'r rhwyd o'r diwedd. Er hynny ro'dd hi'n gôl eitha doniol mewn gwirionedd. Yn fy marco i ro'dd Brian McAllister, amddiffynnwr canol Wimbledon, y clwb ro'n i'n chware iddo ar y pryd. I gyrradd at y bêl rydd fe hwpes i fe o'r ffordd yn galed a'i tharo hi i gornel ucha'r rhwyd. Ro'dd golwr yr Alban, Neil Sullivan, hefyd yn chware i Wimbledon. Felly fe fuodd yna dipyn o dynnu co's ar y cae ymarfer yn Wimbledon y dydd Llun wedyn!

Fe sgores i 14 o weithie i Gymru ar ôl hynny ond, sgorio neu beidio, ro'dd gwisgo'r crys coch a chanu'r anthem wastad yn rhoi gwefr arbennig i fi. Yn sicr, un o'r tri uchafbwynt yn fy ngyrfa i o'dd ennill gwobr Chwaraewr y Flwyddyn gyda Chymru dair gwaith i gyd, o'dd yn record. Mae'r ffaith 'mod i'n rhannu'r record honno gyda neb llai na Mark Hughes yn ei gwneud hi'n fwy sbesial fyth. Da'th y ddau uchafbwynt arall pan o'n i'n chware i Celtic. Yr un mwya o'dd ca'l fy newis yn Chwaraewr Gorau'r Flwyddyn, yn 2004–5, gan newyddiadurwyr pêl-droed yr Alban, dros 100 ohonyn nhw. Yr un flwyddyn hefyd fe ges i 'newis, ar y cyd â Fernando Ricksen o Rangers, yn Chwaraewr Gorau'r Flwyddyn gan fy nghyd-chwaraewyr yn yr Alban. Uchafbwynt arall yn fy ngyrfa o'dd ennill Pencampwriaeth yr Alban dair gwaith mewn pum mlynedd tra o'n i gyda Celtic. Y ddau dro y methon ni ei hennill, daethon ni'n ail i Rangers, ar wahaniaeth goliau y tro cynta, ac yna o un pwynt yn unig yr ail dro.

Eto, rwy'n edrych ar rai o'r gêmau y bues i'n chware ynddyn nhw gyda rhai o glybiau Lloegr fel uchafbwyntiau hefyd. Cafodd dwy ohonyn nhw eu cynnal yn ystod tymor 1994–5 pan o'n i'n chware i Luton. Dim ond 18 oed o'n i ar y pryd ac yn chwarae yng nghystadleuaeth Cwpan yr FA. Ro'dd y gêm gynta yn erbyn Caerdydd ar Barc Ninian.

Nawr, fel mae pawb yn gwybod, mae tipyn o ddrwgdeimlad rhwng cefnogwyr clybie

Abertawe a Chaerdydd. Mae hi wedi bod fel 'na ers blynyddoedd mawr ac fel 'na o'dd hi pan o'n i'n grwt ifanc yn cefnogi'r Swans. Do'dd dim byd yn rhoi mwy o bleser i fi na gweld Abertawe yn ennill yn erbyn Caerdydd ac ro'dd hynny'n wir hefyd pan fyddwn i'n chware i glybiau eraill yn eu herbyn nhw. Mae'n anodd esbonio'r peth ond rwy'n credu bod y cyfan yn deillio o'r ffaith fod Caerdydd yn brifddinas. O ganlyniad ma' ardal fel Abertawe yn credu falle fod Caerdydd, fel dinas, wedi ca'l yr arian mawr a'r cyfleusterau gorau ar draul llefydd fel Abertawe.

Wrth gwrs ma' cefnogwyr Caerdydd yr un mor chwerw tuag at gefnogwyr Abertawe. Roedden nhw hefyd yn llym iawn arna i bob tro y byddwn i'n chware ar Barc Ninian, yn enwedig yn y gêm gwpan honno yn erbyn Luton. Ro'dd e'n deimlad ffantastig i fynd ar y bla'n y diwrnod hwnnw o 2–0 a finne'n ei cha'l hi'n anodd cuddio'r ffaith 'mod i wrth fy modd. Wrth gwrs, ro'dd hyn yn gwylltio'r cefnogwyr cartre hyd yn oed yn fwy ac ro'dd y rhegi a'r bygwth yn fy erbyn i'n codi'n uwch ac yn uwch. Felly, ar ôl i David Preece sgorio'r ail gôl honno, bu'n rhaid i David Pleat fy nhynnu i bant o'r cae. Taswn i wedi aros ar y cae, falle y bydde rhai o gefnogwyr Caerdydd wedi dechrau reiat! Bu'n brofiad trist iawn i fi fynd i angladd David Preece dair blynedd yn ôl ac yntau'n ddim ond 44 oed, wedi marw o ganlyniad i ganser yn y llwnc.

Mae'n rhaid i fi gymryd peth o'r bai am yr holl drwbwl fuodd rhyngo i a chefnogwyr Caerdydd pan o'n i'n arfer chware. Ond rwy'n falch o ddweud bod y berthynas rhyngon ni wedi newid llawer erbyn hyn. Pan ges fy nharo'n wael yn 2009 fe dderbynies nifer fawr o gardiau a llythyrau'n dymuno'n dda i fi gan gefnogwyr Caerdydd. Tua phum mlynedd yn ôl, fyddwn i ddim wedi mentro cerdded ar hyd strydoedd Caerdydd gan y bydde rhai pobol yn fy mygwth â phob math o bethau ofnadwy. Erbyn hyn, pan fydda i yn y brifddinas, daw rhai o ffans yr Adar Gleision ata i i siglo llaw.

Yn ddiweddar hefyd rwy i wedi bod yn gweithio gyda'r cyfryngau ar rai o gêmau tîm Cymru. Cefnogwyr Caerdydd gan mwya yw dilynwyr tîm Cymru pan fyddan nhw'n chware dramor, gyda bois y gogledd yn ail iddyn nhw. Felly, pan o'n i yn Montenegro y llynedd ro'dd hi'n grêt clywed tua chant ohonyn nhw'n gweiddi canu 'There's only one Johnny Hartson!' yn y cae. Hefyd, ers i fi roi'r gorau i chware rwy i wedi bod yn falch o ga'l cyfle i ddweud rhai pethe positif iawn am dîm

Caerdydd. Rwy'n nabod Dave Jones yn dda ac yn ei lico fe'n fawr fel person. Yn ogystal rwy'n hen gyfarwydd â chwaraewyr fel Craig Bellamy a Jason Koumas ers y cyfnod pan oedden ni gyda'n gilydd yng ngharfan Cymru.

Fe aeth Luton drwodd i rownd gyn-derfynol Cwpan yr FA y flwyddyn yr enillon ni yn erbyn Caerdydd, ac ro'dd y gêm honno'n sicr yn un arall o uchafbwyntiau fy ngyrfa. Ro'dd hi yn yr hen Wembley, yn erbyn Chelsea, ac fe ges i chware am y chwarter awr ola. Ar y prynhawn hwnnw hefyd y ces i'r embaras mwya erioed ar gae pêl-droed, heblaw am y digwyddiad gyda Berkovic. Ro'n i damed bach yn siomedig fod David Pleat wedi dewis Kerry Dixon fel ymosodwr blaen i ddechre'r gêm a'n rhoi i ar y fainc.

Eto, ro'dd Kerry ar un cyfnod yn un o arwyr mawr Chelsea ac wedi sgorio 190 o goliau iddyn nhw. Ro'dd e hefyd wedi ca'l gêm ardderchog yn y chwarteri yn erbyn West Ham. Fe gafodd e groeso ffantastig gan gefnogwyr Chelsea a Luton ar y diwrnod ac ro'dd hi'n ffordd wych o ddod â'i yrfa ar y lefel ucha i ben. Gyda chwarter awr i fynd, a ninnau'n colli 2–0, dywedodd David Pleat wrtha i am baratoi i fynd i'r cae yn lle Des Linton. Ro'n i wrth fy modd ac ar dân i chware.

Fe dynnes fy nhracwisg a bu bron i fi gael
harten – ro'n i wedi anghofio gwisgo fy nghrys
Luton cyn gadael y stafell newid! Fe es ar ras ar
hyd ymyl y cae ac i lawr y twnnel enwog. Fe
lwyddes i ffindo aelod o'r staff i agor y stafell
newid ac ar ôl gafael yn fy nghrys fe redes i
fel y cythraul 'nôl i'r fainc. Ro'dd stêm yn dod
mas o glustiau David Pleat erbyn hyn. Gydag
ambell reg yn hedfan uwch fy mhen, es i mla'n
ar y cae. Yn anffodus ches i ddim cyfle i newid
y canlyniad na'r sgôr o 2–0. Ond ro'dd e'n
rhyw gysur i glywed David Pleat yn cyfadde
wrtha i'n ddiweddarach, wedi iddo fe dawelu,
y dylwn i fod wedi dechrau'r gêm honno. Beth
bynnag am hynny ro'dd yr holl brofiad, a finne
ond yn ddeunaw oed, yn rhywbeth fydda i'n ei
gofio am byth.

PENNOD 13

YN Y PEN DRAW byddwn i wrth fy modd yn
ca'l cyfle i fod yn rheolwr ar dîm pêl-droed
proffesiynol. Yn ystod fy ngyrfa fel chwaraewr
fe chwaraes i i wyth clwb i gyd ac felly des i
nabod nifer o reolwyr a dysgu llawer ganddyn
nhw am bêl-droed ac am bobol yn gyffredinol.
Rwy'n gobeithio'n fawr y caf fanteisio ar hynny
rhyw ddydd.

Rodd **David Pleat**, rheolwr Luton pan o'n
i yno, yn fachan ffantastig ac yn ddylanwad
mawr arna i. Fe ddes dan ei ofal gynta pan
o'n i ddim ond 16 oed ac oherwydd hynny
ro'dd 'da fe ran bwysig yn fy natblygiad. Yn
wir, pan ddath cynnig gan Arsenal amdana i
fe weithredodd David fel rhyw fath o asiant
i fi. Ro'dd e wrth ei fodd yn gweithio gyda
chwaraewyr a ddangosai dalent arbennig ac fe
fydde fe bob amser yn trio datblygu'r dalent
honno. Yn fy achos i, mae'n debyg, fe welodd
'mod i'n gallu pasio'n dda a 'mod i bob amser
yn ymwybodol o'r bois o'dd o 'nghwmpas i.
Felly fe weithiodd yn arbennig ar yr agweddau
hynny gyda fi ac rwy'n ddiolchgar iddo am
hynny. Bydda i'n clywed ganddo bob hyn a
hyn. Yn ddiweddar fe gysylltodd â fi i ddweud

y bydde fe'n lico i fi arwyddo copi iddo fe o lyfr ro'n i newydd ei sgrifennu.

George Graham o'dd rheolwr Arsenal pan symudes o Luton ond yn anffodus dim ond am ychydig fisoedd y ces i ei nabod e. Ro'dd e wrth ei fodd ar y cae ymarfer yn hyfforddi'r blaenwyr, yn enwedig pan gâi gyfle i'n trafod yn unigol. Ro'dd parch mawr tuag ato ymhlith y chwaraewyr. Fe fydde fe'n pwysleisio bod drws ei swyddfa bob amser ar agor i drafod â'i chwaraewyr. Fe fues i mewn yno sawl tro yn ca'l sgyrsie ag e.

Da'th **Bruce Rioch** i Arsenal yn ei le ac odano fe y treulies i'r cyfnod mwya anhapus a ges i erioed fel chwaraewr proffesiynol. Falle fod peth o'r bai am hynny arna i. Ro'n i'n ifanc ac eisie gweld fy ngyrfa'n datblygu'n rhy gyflym falle. Do'dd e ddim yn fy newis i'r tîm cynta ac fe fyddwn i'n ddiamynedd. Eto rwy'n dal i ddweud iddo 'nhrin i'n annheg. Ro'dd e fel petai'n pigo arna i ac yn gwneud pethau'n galed i fi. Bydde fe eisie fy mhwyso i, a neb arall, bob pythefnos gan ei fod e'n meddwl 'mod i'n rhy drwm. Ro'n i'n ffaelu deall pam ro'dd e am wneud hynny a finne'n ffrindiau mawr â'i fab pan o'dd y ddau ohonon ni'n brentisiaid gyda'n gilydd yn Luton. Bryd hynny byddwn i'n mynd i gartre Bruce a'i wraig ac fe ddes i'w nabod nhw'n dda. Fe ga'th ei ddiswyddo gan Arsenal ar ôl rhyw flwyddyn ac o ganlyniad fe gafodd pwyse mawr eu codi oddi ar fy sgwydde i.

Daeth **Arsène Wenger**, rheolwr nesa Arsenal, ag agwedd ac arferion hollol newydd i'r clwb. Ro'dd e'n gredwr cryf mewn defnyddio dulliau gwyddonol wrth baratoi chwaraewyr ar gyfer y Brif Gynghrair. Bydde fe'n trefnu ein bod ni'n ca'l profion calon a phwysau gwaed yn rheolaidd ac yn trefnu i sganio cyflwr ein cyhyrau yn gyson. Bydde fe'n ein rhoi ni ar ddeiet arbennig. I wneud yn siŵr ein bod ni'n cadw at y ddeiet honno bydde'n rhaid ni ga'l brecwast a chinio bob dydd yng nghanolfan ymarfer y clwb, yn y Sopner House Hotel. Bydde fe'n cynllunio pob sesiwn ymarfer i'r funud. Bydde George yn gadael i ni chware pump bob ochr am ryw hanner awr, yn dibynnu ar hwyliau pawb. Ond bydde Arsène yn rhoi gwybod ymlaen llaw ein bod ni'n mynd i chware pump bob ochr am 18 munud ac wedyn yn treulio, er enghraifft, 12 munud yn ymarfer sut i amddiffyn ciciau cornel.

Rodd e'n gredwr cryf mewn cynnal sesiynau ymestyn ac ystwytho y peth diwetha cyn gadael y cae ymarfer. Y fe ei hunan fydde'n cymryd y sesiynau hynny. Yna bydde fe'n cyhoeddi, ar y diwedd un, fod sesiwn y diwrnod wedyn yn mynd i bara am amser penodol, rhwng 10.30 a 11.45, er enghraifft. Ar y dechrau ro'dd sawl un o'r chwaraewyr yn amau gwerth yr hyn ro'dd e'n ei wneud. Ond ro'dd bois fel Dixon, Adams, Bould a Keown yn canmol dulliau Arsène yn fawr. Roedden nhw o'r farn eu bod nhw wedi gallu chware ar y lefel ucha am ryw dair neu bedair blynedd yn hirach nag y bydden nhw o dan unrhyw reolwr arall. Fel dyn fe ffindes ei fod yn un hawdd iawn siarad ag e, er ei fod yn rhoi'r argraff ei fod e'n berson pell wrth ymwneud â phobol. Penderfynes adael Arsenal am glwb West Ham, fel y gallwn i ga'l mwy o gyfle i chware'n rheolaidd ar y lefel ucha. Pan es at Arsène i ddweud wrtho 'mod i'n bwriadu symud, fe siglodd law â fi a dymuno'n dda i fi. Fe bwysleisiodd nad o'dd e ddim eisie i fi adael ac ro'n i'n gwerthfawrogi hynny'n fawr.

Ymunes i â West Ham ym mis Chwefror 1997 a **Harry Redknapp** yn rheolwr. Mae Harry yn ddyn sbesial iawn ac rwy'n ffrindiau mawr ag e o hyd. Do'dd e ddim yn un fydde'n treulio oriau mawr ar y cae ymarfer gyda'r chwaraewyr, eto ro'dd e'n hyfforddwr ardderchog. Ro'dd e hefyd yn wych am reoli pobol ac ro'dd ganddo frwdfrydedd arbennig dros y clwb, a'i chwaraewyr. Roedd e'n gwybod popeth amdanyn nhw ac yn gwneud ymdrech i ddod i'w nabod yn dda. Ro'dd e'n siaradwr huawdl ac yn gallu ysbrydoli ei chwaraewyr. Fe fyddwn i'n cymdeithasu tipyn gydag e, wrth i'r ddau ohonon ni fynd yn rheolaidd gyda'n gilydd i weld y milgwn yn rhedeg yn Walthamstow. Weithie fe fyddwn i'n mynd i'r rasys milgwn gyda Vinnie Jones a **Joe Kinnear**. Ro'dd Joe yn rheolwr ar Vinnie yn Wimbledon, a finne'n ffrindie gyda Vinnie trwy dîm Cymru. Byddwn i hefyd yn chware golff gyda Joe o bryd i'w gilydd, felly fe ddes i'w nabod e'n dda. Soniodd wrtha i fwy nag unwaith y bydde fe'n lico i fi ddod ato fe i Wimbledon a dyna ddigwyddodd. Diolch byth, ro'dd dyddiau'r Crazy Gang wedi cwpla yno erbyn hynny. Er, do'n i ddim mor siŵr o hynny pan es i gae ymarfer y clwb am y tro cynta er mwyn cwrdd â'r wasg ar ôl arwyddo. Y peth cynta nath y tîm o'dd fy nhaflu i mewn i'r bath yn y stafell newid yn fy siwt Armani ore! Ro'dd yn rhaid i fi ga'l benthyg tracwisg er mwyn mynd i gwrdd â'r wasg.

Yn anffodus, ychydig o fisoedd ges i o dan Joe achos fe gafodd drawiad ar y galon. O ganlyniad, fe fu'n rhaid iddo roi'r gorau i fod yn rheolwr a da'th Egil Olsen yn ei le. Yn anffodus, cwympo i'r adran gynta nath Wimbledon o dan Egil. Ro'dd e'n fachan neis ond wna'th ei dactegau ddim gweithio o gwbl. Ro'dd Joe yn gwmws yr un teip â Harry Redknapp ac ro'n i'n siomedig na ches i fwy o amser gydag e. Ro'dd e'n rheolwr galluog iawn. Prawf o hynny yw'r ffaith ei fod e wedi cadw Wimbledon yn y Brif Adran am nifer fawr o flynyddoedd. Ro'dd e hefyd, yn amlwg, yn un da am drin pobol gan iddo lwyddo i gadw trefn ar fois fel Sanchez, Vinnie, Wise a Fashanu!

Ro'dd **Gordon Strachan** yn rheolwr gwych hefyd. Fe fu'n rheolwr arna i gyda dau glwb, sef Coventry ac yna, rhyw bum mlynedd wedyn, Celtic. Bydda i'n ddiolchgar iddo am byth am achub fy ngyrfa pan symudes i o Wimbledon. Ro'dd Spurs, Charlton a Rangers yn eu tro wedi cytuno ar delerau. Yn anffodus, pan ges i archwiliad meddygol gyda'r clybiau hyn ro'dd y canlyniadau'n dangos rhyw wendid ar fy mhen-glin. O ganlyniad fe dynnodd y tri chlwb 'nôl ar y funud ola, a finne'n methu deall y peth. Wedi'r cyfan, ro'n i'n sgorio goliau'n gyson i Wimbledon a Chymru a do'dd fy mhen-glin erioed wedi rhoi trafferth i fi. Ro'n i'n teimlo'n ddigalon iawn ar y pryd, ond ro'dd Gordon yn barod i fentro. Fe arwyddodd e fi i chware i Coventry.

Bydde fe ar maes ymarfer bob dydd ac yn

rhan hollbwysig o'r hyn o'dd yn digwydd. Y fe fydde'n cymryd y tafliadau a'r ciciau rhydd i gyd. Fyddwn i'n synnu dim na fydde fe'n gwybod yn gwmws beth o'dd yn digwydd yn y gegin!

Tua diwedd fy nghyfnod yn Celtic, pan o'n i ynghanol nifer o brobleme personol ar ôl i fi a Lowri, fy ngwraig gynta, wahanu, ro'dd Gordon yn ffantastig. Bydde fe'n gadel i fi ga'l amser bant i fynd i lawr i Gymru i weld y plant. Un tro, a finne'n byw mewn fflat ar fy mhen fy hunan, ro'dd e am i fi ddod ato fe a'i deulu i ga'l cinio Dolig ond gwrthod ei gynnig caredig wnes i. Mae e'n enwog am ei hiwmor sych. Rwy'n cofio un holwr ar y cyfryngau yn yr Alban yn ca'l sgwrs gydag e wedi i ni golli un gêm 3–0. 'Tell me, Gordon, where did it all go wrong today?' 'Out there on the pitch!' o'dd yr unig ateb gafodd e!

Pan symudes i o Coventry i Celtic, y rheolwr yno o'dd **Martin O'Neill**. Ro'dd pawb yn meddwl y byd ohono fe. Dim ond pethe da sy 'da fi i ddweud amdano. Ro'dd e'n ddyn gonest ac ro'dd pawb yn ei barchu fe. Ro'dd e'n ffan mawr o chwaraewyr cryf, cadarn o'dd yn gallu dala'r bêl. Gorau i gyd os oedden nhw'n gallu sgorio goliau hefyd ac fe wnes i hynny naw deg o weithie tra o'dd Martin yn rheolwr arna

i. Ond os o'dd e'n meddwl 'mod i damed bach yn ddiog ar y cae ymarfer weithie, bydde fe'n fy nghosbi. Fel arfer, ro'dd hynny'n golygu bod rhaid i fi wneud ychydig o sbrintio ac ro'dd e'n gwybod 'mod i'n casáu hynny!

Mae rhai'n meddwl nad o'dd e ddim yn lico treulio llawer o amser gyda'r chwaraewyr ar y cae ymarfer. Do'dd hynny ddim yn wir achos ro'dd e'n dod i ryw naw sesiwn o bob deg. Yn y sesiynau hynny ro'dd 'da fe wastad rhywbeth i'w ddweud o'dd yn werth ei glywed. Bydde fe'n cyflwyno rhyw dacteg newydd neu'n beirniadu rhyw symudiad o'dd ddim wedi gweithio yn y gêm cynt. Fe fydde'n gas 'da fe weld diffyg disgyblaeth gan y chwaraewyr. Rwy'n cofio fi ac un arall o'r bois, Jackie McNamara, yn cyrradd yn hwyr ar gyfer sesiwn ymarfer un tro. Fe gawson ni ddirwy o £2,000 yr un yn y fan a'r lle.

Fe ges i brofiad hefyd, wrth gwrs, o weithio gyda sawl rheolwr tra o'n i'n chware i Gymru. Y gwaetha yn sicr o'dd **Bobby Gould**, cyn-reolwr Wimbledon. Yn wir, ro'dd hi'n hawdd meddwl oddi wrth y ffordd ro'dd e'n bihafio weithie ei fod e'n credu ei fod e'n dal gyda'r Crazy Gang! Do'dd dim parch tuag ato yn y stafell newid a do'dd record y tîm o dan ei reolaeth ddim yn ddigon da iddo allu ennill parch chwaith. Am ryw reswm do'dd e ddim yn barod iawn i 'newis i. Pe bydde rhywun arall yn rheolwr ar y pryd, mae'n bosib y byddwn i wedi ennill llawer mwy o gapiau. Ro'n i'n sgorio goliau yn rheolaidd i Arsenal yng nghystadlaethau Ewrop ar y pryd. Eto, bydde Bobby'n dewis Lee Nogan o Tranmere a Gareth Taylor o Reading o 'mlaen i.

Rodd y profiad o chware i Gymru o dan **Mark Hughes** yn gwbl wahanol. Ro'dd e'n rheolwr arbennig o dda ac ro'dd gan y chwaraewyr barch mawr tuag ato. Yn wir, tase Sparky wedi gofyn i fi chware yn safle'r cefnwr de, byddwn wedi bod yn fodlon gwneud hynny. Fel mae'n digwydd, ro'dd e'n hoff iawn o'n steil i o chware. Fe ddywedodd wrtha i unwaith ei fod e, trwy ddewis siort Bellamy, Giggs, Savage, Delaney a Simon Davies, yn bwydo'r steil honno. Wrth gwrs, ro'dd pawb ohonon ni'n gwybod beth o'dd Mark wedi'i wneud ei hunan fel chwaraewr. O ganlyniad, roedden ni i gyd eisie llwyddo er ei fwyn e, yn ogystal â throson ni ein hunain.

Ond chawson ni ddim llwyddiant o ran mynd i rowndiau terfynol y cystadlaethau mawr. Eto, fe gawson ni rai canlyniadau ardderchog ym Mhencampwriaeth Ewrop yn 2002, pan enillon ni 2–0 yn erbyn Finland a 2–

1 yn erbyn yr Eidal. O'r 51 gwaith y chwaraeais i dros Gymru, y gêm honno yn Helsinki o'dd yr un fwya cofiadwy i fi. Sgores i un o'r goliau ac ro'dd hi'n un o'r rhai roiodd fwya o bleser i fi tra oeddwn i'n gwisgo crys Cymru. Ro'dd ennill yn erbyn yr Eidal bryd hynny yn sbesial iawn hefyd. Dyna'r gêm ryngwladol fwya emosiynol y bues i'n rhan ohoni erioed. Ro'dd y dorf fawr yn Stadiwm y Mileniwm yn llawn hwyl ac fe wnaeth hynny'n bendant ein hysbrydoli ni i chware'n ardderchog y nosweth honno.

Rwy'n credu bod **John Toshack** yn un o'r rheolwyr gorau erioed i ddod o Gymru. Ro'dd yr hyn wnaeth e gyda chlwb Abertawe yn ffantastig ac fe ddyle fe fod wedi ca'l ei wneud yn 'Syr' o ganlyniad. Ro'n i'n mwynhau chware i Gymru o dan ei reolaeth ond yn anffodus fe ddath e'n rheolwr ar adeg pan o'n i'n mynd trwy amser caled o ran fy mywyd personol. Ar hyd y blynyddoedd ro'n i wrth fy modd yn chware i Gymru. Ond yn sydyn do'n i ddim yn ca'l yr un pleser ag y bydden i. Do'dd y probleme personol a'r frwydr i gynnal ffitrwydd ddim yn help. Hefyd, ro'dd hen ffrindie fel Gary Speed, Mark Pembridge, Robbie Savage a Ryan Giggs yn cwpla chware ar y lefel ryngwladol. Ro'dd bois ifanc brwd yn dod trwyddo ac o gymharu â nhw ro'n i'n gwybod 'mod i wedi colli'r sbarc. Mae ca'l y fraint o wisgo'r crys coch yn gofyn am ymdrech fawr gan unrhyw chwaraewr. Ond, rhwng popeth, do'n i ddim yn gallu rhoi hynny mwyach. Byddwn i wedi lico ca'l dysgu llawer mwy oddi wrth John.

Eto i gyd fe wnes i ddysgu am waith a sgilie bod yn rheolwr ganddo fe, fel y gwnes i oddi wrth y rheolwyr eraill rwy i wedi sôn amdanyn nhw. Rwy'n ddiolchgar iawn iddyn nhw am hynny a gobeitho'n fawr y caf gyfle yn y dyfodol i ddefnyddio'r hyn ddysges i.

PENNOD 14

WRTH GWRS CYN Y gallwn i ystyried bod yn rheolwr proffesiynol bydde'n rhaid i fi fynd ar gyrsiau arbennig i ennill bathodynnau hyfforddi'r Gymdeithas Bêl-droed. Fe ddechreues i arni ar ôl gorffen fel chwaraewr proffesiynol. Bues i am wythnos yn Aberystwyth yn paratoi ar gyfer ca'l y cynta ohonyn nhw, sef Bathodyn C. Osian Roberts, Cyfarwyddwr Hyfforddi Cymdeithas Bêl-droed Cymru, o'dd yn gofalu am y cwrs. Yno'n ca'l eu dysgu yr un pryd â fi o'dd Roberto Martinez, Robert Page a Peter Nicholas. Er 'mod i wedi chware o dan rai o hyfforddwyr gore'r byd, eto do'n i'n gwybod fawr ddim am hyfforddi.

Rodd y cwrs yn rhoi sylw i faterion digon syml, ond eto'n bethe y gallech chi'n hawdd eu hanghofio. Wrth ddechrau hyfforddi mewn clwb ro'dd 'na rai cwestiynau sylfaenol y dylech chi fod yn eu gofyn – beth yw seis y cae, faint o'r chwaraewyr o'dd yn lico chware ar yr ochr chwith, oes yno ddau golwr? Llwyddes i baso'r cwrs cyn symud ymlaen ymhen amser i drio ennill Bathodyn B.

Rodd mwy o bwyslais ymarferol ar y cwrs hwnnw. Fe fuon ni'n hyfforddi dosbarth o blant gyda chriw o hyfforddwyr yn cadw mewn cysylltiad â ni o gantri uwchben y cae. Roedden nhw'n asesu sut o'n i'n siarad ac yn gweitho 'da'r plant. Bydde hyfforddwyr tramor weithiau'n cyfrannu at y sesiynau. Ond pan o'dd hi'n fater o ga'l rhywun i'n hyfforddi ni ar rôl y streicar fe gawson ni un o'r goreuon, sef Ian Rush, a llwyddes i ennill y bathodyn B.

Rodd y cwrs ar gyfer y Bathodyn A yn fwy heriol. Ro'dd e'n para am bythefnos ac yn cynnwys mwy o waith sgrifennu ar faterion megis dyfarnu a thactegau. Ro'dd hefyd fwy o ddadansoddi trwy ddefnyddio sleidiau. Bydde sesiynau ymarferol gyda dau dîm ar y cae am ryw 45 munud. Bryd hynny, falle bydde gofyn i ni hyfforddi tîm sut i amddiffyn trwy ddefnyddio system 5–3–2, neu ymosod gyda phatrwm 4–4–2. Ma's o'r 28 o'dd ar y cwrs yma dim ond 7 ohonon ni lwyddodd i ga'l y Bathodyn A. Ro'n i'n gymwys bellach i fod yn rheolwr ar unrhyw glwb ym Mhencampwriaeth y Gynghrair Pêl-droed neu un o'r adrannau is.

Y cam nesa o ran paratoi ar gyfer bod yn rheolwr yw ceisio ca'l Trwydded Broffesiynol, ac i fod yn rheolwr ar glwb yn y Brif Adran yn Lloegr rhaid ca'l y drwydded honno. Fe fydde tair blynedd o waith paratoi yn cynnwys treulio cyfnod hir dramor ac astudio a dysgu gyda chlwb nad yw'n rhan o'r byd pêl-droed ym

Mhrydain. Gallen i felly dreulio amser yn dilyn y Crysau Duon yn y byd rygbi neu'r Kansas City Chiefs, y clwb pêl-droed Americanaidd. Bydde disgwyl i fi ddysgu sut i redeg a rheoli cyllideb o filiynau o bunnoedd bob blwyddyn a chawn hyfforddiant ynglŷn â sut i drafod a thrin y Cadeirydd mewn clwb mawr. Rwy'n edrych ymlaen yn fawr at fentro rywdro i'r byd rheoli. Dwi ddim yn meddwl y galla i droi cefn ar fod yn rhan o'r hyn sy'n digwydd ar y cae pêl-droed. Fe ges i gymaint o bleser yn chware'r gêm ac fe wnes i gyment o ffrindie. Daeth y ffaith honno'n amlwg i fi pan o'n i yn yr ysbyty. Pan o'n i'n gwella fe synnes i gymaint ohonyn nhw a'th i'r drafferth i holi amdana i, i ddymuno'n dda i fi ac i alw yn yr ysbyty er mwyn gwybod sut o'n i. Mae'n debyg i reolwyr fel Gordon Strachan, Martin O'Neill a Harry Redknapp fod ar y ffôn yn amal. Cododd fy nghalon pan o'n i'n ei cha'l hi'n anodd dod dros y llawdriniaeth fawr wrth ga'l carden anferth oddi wrth Arsène Wenger a chwaraewyr a staff Arsenal. Galwodd John Toshack i 'ngweld i pan o'n i dros y cyfnod gwaetha.

Fe glywes i fod nifer fawr o chwaraewyr hefyd wedi bod mewn cysylltiad, yn enwedig yn y dyddiau cynnar. Fe yrrodd Ben Thatcher bump awr jest er mwyn ca'l bod yn y stafell aros i ddangos ei gefnogaeth. Ro'dd Nathan Blake yn un o'r rhai cynta i alw i mewn yno. Yr wythnos wedyn galwodd Andrew Legg er mwyn cynnig rhyw gysur i'r teulu achos ei fod ynte wedi ennill y frwydyr yn erbyn canser. Fe fuodd nifer fawr o bobol ar y ffôn, gan gynnwys un o'n ffrindie gore i, Neil Lennon, a'r hen ffrind Vinnie Jones.

Rodd ymateb pobol do'n i ddim hyd yn oed yn eu nabod yn wych, fel y beiciwr byd-enwog Lance Armstrong. Ro'dd e wedi diodde canser yn yr un ffordd yn gwmws â fi ac wedi gwella'n llwyr. Fe stopodd e ynghanol rhyw ras feiciau tramor a gofyn i ddyn camera ffilmo neges ganddo. 'I'd like all my friends to say a prayer for John Hartson back in Wales' o'dd y neges honno. Fe gafodd y clip ei ddangos ar deledu ym Mhrydain. Recordiodd staff meddygol yr ysbyty'r eitem ac fe ddaethon nhw â neges Lance lan i'r ward i fi ga'l ei gweld hi. Roiodd hynny dipyn o gic i fi.

Fe wnath digwyddiadau eraill argraff fawr arna i hefyd pan glywes i amdanyn nhw. Rhyw wythnos ar ôl y llawdriniaeth fe ddath clwb Abertawe â chrys coch arbennig mas yn deyrnged i fi. Ar y cefn ro'dd 'Hartson 32'. A'th fy mrawd James lawr ar unwaith i brynu tri ar gyfer ei feibion ond erbyn y prynhawn roedden nhw wedi'u gwerthu i gyd. A sôn am grysau, fe halodd John Terry un o'i grysau rhif 6 i fi wedi'i lofnodi ganddo ac yn dymuno'r gore i fi.

Rhyw bythefnos ar ôl mynd i'r ysbyty da'th Celtic i lawr i chware Caerdydd. Yn y gêm fe fu'r Albanwyr yn chwifio baner 50 troedfedd o hyd gyda'r geiriau 'Big John – You're Always in Our Hearts' arni hi. Ro'dd hyd yn oed cefnogwyr Caerdydd yn canu 'There's only one Johnny Hartson' drwy'r gêm. Ar ben hynny i gyd, mae'n debyg fod dros 50,000 o bobol, ar draws y byd, wedi dymuno'n dda i fi ar y we. Alla i ddim credu fod cyment o bobol wedi mynd i'r drafferth i ddangos eu cefnogaeth. Ro'dd gwybod hynny yn hwb anferth pan o'n i ynghanol y driniaeth cemotherapi anodd.

Trwy'r cyfan hefyd fe dreuliodd ffrindiau ac aelodau o'r teulu, fel Mark, Wayne, Tommy, Paul, Karl a James bach, fy nai, oriau lawer yn yr ysbyty yn cynnig help a chysur. Rwy mor ddiolchgar i bawb ohonyn nhw ac yn lwcus iawn ohonyn nhw.

PENNOD 15

RWY'N CYFRIF FY HUNAN yn ffodus iawn 'mod i wedi cyrradd ble rwy i ar ôl bod mor sâl. Ond wrth gwrs mae'n fwy na lwc. Yn y lle cynta rwy'n credu bod Duw yn bod – yn sicr ro'dd rhywun lan yna'n edrych ar fy ôl i. Ond fyddwn i ddim 'ma heddi onibai am sgiliau a gofal gwych y doctoriaid a'r nyrsys yn ysbytai Treforys a Singleton. Ro'dd ca'l cymaint o gefnogaeth a help gan fy rhieni, fy chwiorydd a 'mrawd, a'u teuluoedd, hefyd yn hollbwysig i 'nghael i drwy'r cyfan. Ro'dd y ffaith 'mod i mor daer i weld fy mhlant yn tyfu a mwynhau eu cwmni nhw a Sarah hefyd yn ffactorau pwysig wrth i fi ymladd i wella.

Pan ddes i ata i'n hunan yn iawn ar ôl bod yn yr ysbyty am rai wythnosau ro'n i'n methu credu pa mor wael ro'n i wedi bod. Ro'n i'n teimlo'n flin iawn am yr holl ofid ro'n i wedi'i roi i gymaint o bobol. Beth o'dd yn waeth, falle, o'dd 'mod i'n gwybod y gallwn i'n hawdd fod wedi osgoi'r cyfan tawn i wedi bod yn fwy gofalus. Pe bawn i wedi cymryd mwy o sylw ar y dechre o'r lympiau ffindes i ar un o 'ngheilliau, fyddwn i ddim wedi ca'l y fath drafferth. Tawn i wedi gofyn i ddoctoriaid fy archwilio ar y dechre bydden nhw, mae'n siŵr, wedi gallu dod o hyd i atebion i'r problemau'n weddol hawdd. Ond wnes i ddim, am nad o'n i'n gwybod ar y pryd pa mor beryglus o'dd peidio cymryd sylw o'r symptomau cynnar 'na. Do'dd neb chwaith wedi sôn wrtha i erioed fod rhyw 17 o bob 100,000 o ddynon ifainc rhwng 25 a 34 yn diodde canser y ceilliau. Hefyd, bod tua hanner y dynion ym Mhrydain sy'n ca'l canser y ceilliau o dan 35 oed. Dyna pam rwy i nawr wedi addo gwneud fy ngorau i drio dweud wrth gymaint o ddynion ifainc â phosibl am ganser y ceilliau. Fe fydda i'n pwysleisio pa mor bwysig yw hi eu bod nhw'n chwilio am symptomau a chael triniaeth gynnar os dôn nhw ar draws problem. Ma'n rhaid parchu'r corff ac ymateb i unrhyw arwydd y bydd e'n ei roi i ni.

Dyna un rheswm y cafodd yr elusen Ymddiriedolaeth John Hartson ei sefydlu. Fe fydd yn cynnal digwyddiadau i godi arian at elusennau canser ac at ysbytai sy'n trin canser. Fy chwaer Victoria gafodd y syniad pan o'n i'n dechre gwella. I ddechre ro'dd yn rhaid inni ga'l cefnogaeth rhyw 200 o elusennau eraill. Yna ro'dd yn rhaid cael bwrdd o ymddiriedolwyr oedd yn fodlon bod yn gyfrifol am yr elusen. Mae'r Bwrdd yn cynnwys nifer o ddynion busnes a phobl sydd â phrofiad o elusennau. Mae 'da ni hefyd dri noddwr enwog, sef Ryan Giggs, Neil Jenkins a Martin Johnston. Fydda i ddim yn cwrdd â'r ymddiriedolwyr o gwbl a bydd yr ymddiriedolaeth yn ca'l ei rhedeg o ddydd i ddydd gan gwmni o'r enw Dragon Management. Fy ngwaith i fel arfer yw mynd i gymaint o ddigwyddiadau â phosib er mwyn cyflwyno ein neges ni. Bydda i'n siarad ag ysgolion a cholegau hefyd. Chwe mis ar ôl i fi ddod o'r ysbyty bues i lan yng Nghaerdydd yn sôn wrth dîm pêl-droed yr Alban am beryglon canser y ceilliau.

Bydda i'n trio bod yn rhan o ddigwyddiadau codi arian yr ymddiriedolaeth ond dyw hynny ddim yn bosib bob amser. Ry'n ni wedi trefnu digwyddiadau fel twrnament bocso, noson o gomedi, taith beicio a thaith gerdded. Y peth caleta rwy i wedi'i wneud yw dringo i gopa Ben Nevis. Dyna wna'th rhyw drigain o bobol yr haf diwetha, a phob un wedi ca'l ei noddi i godi arian i'r ymddiriedolaeth. Ro'n i gyda nhw ond dim ond jest llwyddo i gyrradd y copa wnes i!

Ro'n i wedi trio paratoi rhywfaint, trwy wneud ychydig bach o focso a cherdded 10 cilometr. Ond do'n i erioed wedi meddwl y bydde hi mor galed. Cymerodd hi bedair awr a chwarter i fi mewn gwyntoedd o 65 milltir yr awr! Wrth gwrs, ro'n i'n dal i ddioddef effeithiau triniaeth y canser. Os rhywbeth ro'n i'n teimlo'n waeth ar ôl sialens Ben Nevis nag o'n i ar ôl y driniaeth! Yn fy meddwl i ro'dd gosod a chyrraedd targedau arbennig, wrth drio gwella, yn bwysig iawn yn gorfforol ac yn seicolegol. Ro'dd concro Ben Nevis yn sicr yn rhywbeth ro'n i'n falch iawn ohono ac yn arwydd 'mod i wedi dod trwyddi.

Rodd hi wedi bod yn flwyddyn galed. Ro'dd ca'l clywed fis Hydref 2009 gan Dr Bertelli fod y marcyrs canser yn fy nghorff i lawr i 2 yn newydd ffantastig. Ond ro'dd angen rhagor o driniaeth. Ym mis Mawrth 2010 fe fu'n rhaid i fi ga'l llawdriniaeth i agor un ysgyfaint i dorri unrhyw nodiwliau allai fod yno. Ro'dd perygl y bydde nhw'n cuddio celloedd canser o'dd yn disgwyl eu cyfle i ddod yn fyw unwaith eto. Fe fu'n rhaid gwneud yr un peth wedyn rhyw fis yn ddiweddarach gyda'r ysgyfaint arall.

Diolch byth, dim ond un nodiwl mawr o'dd ar yr ysgyfaint a do'dd dim celloedd canser yn hwnnw. Wedyn, ym mis Mehefin ro'dd yn rhaid ca'l sgan ar yr ymennydd i weld a fydde angen llawdriniaeth i ga'l gwared ar unrhyw nodiwliau allai fod yno. Fe ges i'r newydd da fod tiwmor mawr yng nghefn fy mhen yn hollol farw, heb gelloedd canser. Y farn o'dd taw gwell fydde gadael llonydd iddo a chadw golwg fanwl arno trwy ga'l sgan rheolaidd. A dyna sy'n digwydd ar hyn o bryd, mynd o sgan i sgan fel petai.

Ar ôl ca'l canlyniadau boddhaol am gyfnod o bum mlynedd bydd modd dweud yn swyddogol fod fy nghorff i'n glir o ganser. Ma'n rhaid i fi gyfadde 'mod i damed bach yn betrus bob tro y bydd dyddiad y sgan yn nesáu. Hefyd, pan fydda i'n ca'l pen tost fe fydda i'n meddwl, 'O na! Ydy e'n dod 'nôl?' Ond ar ôl cymryd Panadol fe fydd y poen yn diflannu wrth gwrs. Un gwahaniaeth mawr nawr yw 'mod i'n teimlo'n grêt. O'r bla'n pan o'n i'n ca'l penne tost ro'n i'n teimlo'n ofnadw am gyfnod hir. Ond ers i fi ddechre gwella mae fy agwedd i wedi bod yn bositif iawn a dyna sy'n fy nghynnal i o hyd. Mae 'da fi gymaint i edrych ymla'n ato.

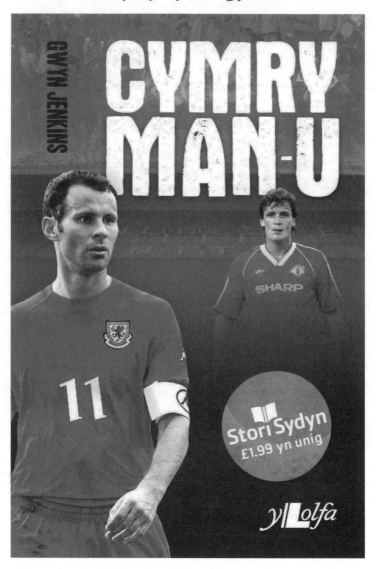

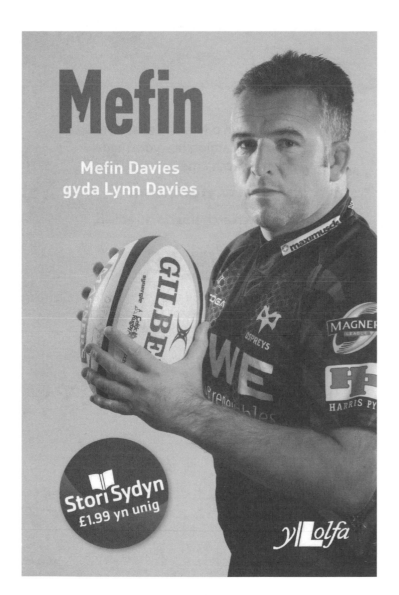

Mefin

Mefin Davies
gyda Lynn Davies

Stori Sydyn
£1.99 yn unig

y Lolfa

£1.99

Am restr gyflawn o lyfrau'r Lolfa, mynnwch
gopi o'n catalog newydd, rhad
neu hwyliwch i mewn i'n gwefan

www.ylolfa.com

lle gallwch archebu llyfrau ar lein.

TALYBONT CEREDIGION CYMRU SY24 5HE
ebost ylolfa@ylolfa.com
gwefan www.ylolfa.com
ffôn 01970 832 304
ffacs 832 782